utb 6100

Eine Arbeitsgemeinschaft der Verlage

Brill | Schöningh – Fink · Paderborn
Brill | Vandenhoeck & Ruprecht · Göttingen – Böhlau · Wien · Köln
Verlag Barbara Budrich · Opladen · Toronto
facultas · Wien
Haupt Verlag · Bern
Verlag Julius Klinkhardt · Bad Heilbrunn
Mohr Siebeck · Tübingen
Narr Francke Attempto Verlag – expert verlag · Tübingen
Psychiatrie Verlag · Köln
Ernst Reinhardt Verlag · München
transcript Verlag · Bielefeld
Verlag Eugen Ulmer · Stuttgart
UVK Verlag · München
Waxmann · Münster · New York
wbv Publikation · Bielefeld
Wochenschau Verlag · Frankfurt am Main

#fragdocheinfach
Alle Bände der Reihe finden Sie am Ende des Buches.

Prof. Dr. Prof. h.c. Arndt Sinn ist Inhaber des Lehrstuhls für Deutsches und Europäisches Straf- und Strafprozessrecht, Internationales Strafrecht sowie Strafrechtsvergleichung an der Juristischen Fakultät der Universität Osnabrück. Er ist Direktor und Gründer des Zentrums für Europäische und Internationale Strafrechtsstudien (ZEIS).

Arndt Sinn

Organisierte Kriminalität?
Frag doch einfach!

Klare Antworten aus erster Hand

unter Mitarbeit von Lars Bojen, Yari Dennhardt,
Marcel P. Iden, Patrick Pörtner

UVK Verlag · München

Umschlagabbildung und Kapiteleinstiegsseiten: © bgblue, iStock
Icons im Innenteil: Figur, Lupe, Glühbirne: © Die Illustrationsagentur
Autorenfotos: © privat

Bibliografische Information der Deutschen Nationalbibliothek
Die Deutsche Nationalbibliothek verzeichnet diese Publikation in der Deutschen Nationalbibliografie; detaillierte bibliografische Daten sind im Internet über http://dnb.dnb.de abrufbar.

DOI: https://doi.org/10.36198/9783838561004

– ein Unternehmen der Narr Francke Attempto Verlag GmbH + Co. KG
Dischingerweg 5 · D-72070 Tübingen

Internet: www.narr.de
eMail: info@narr.de

Einbandgestaltung: siegel konzeption | gestaltung
CPI books GmbH, Leck

utb-Nr. 6100
ISBN 978-3-8252-6100-9 (Print)
ISBN 978-3-8385-6100-4 (ePDF)
ISBN 978-3-8463-6100-9 (ePub)

FSC MIX
Papier aus verantwortungsvollen Quellen
www.fsc.org
FSC® C083411

Inhalt

Vorwort

„Organisierte Kriminalität“ (OK) ist ein komplexes Kriminalitätsphänomen, mit dem sich viele Vorstellungen über deren Erscheinungsformen verbinden. Sie reichen von verklärend-romantischen Bildern des Mafia-Paten über Motorrad-Rocker- und Clan-Zusammenschlüssen, Verschwörungen in Wirtschaftsunternehmen bis hin zu gesichtslosen Netzwerken, in denen Personen ihre Fähigkeiten einbringen, um gemeinsam kriminell Profit zu erzielen. Die Tätigkeiten reichen von Drogen-, Waffen- und Menschenhandel, Manipulation von Sportveranstaltungen, Betrug, Fälschung, Cybercrime und Produktpiraterie bis zur Geldwäsche. Trotz der Präsenz von OK in der täglichen Berichterstattung, in kriminalpolitischen Diskussionen und der medialen Rezeption ist OK scheinbar mangels individuell spürbarer Verletzung eine opferlose Kriminalitätsform, sieht man von Gewaltexzessen ab. Dabei erwirtschaftet die OK weltweit jährlich Milliardenbeträge, die durch Geldwäsche in die legale Wirtschaft reinvestiert und dadurch Wirtschaft und Gesellschaft unterminiert werden, was letztendlich zu einem großen gesamtgesellschaftlichen Schaden führt. Die Herausforderungen im Zusammenhang mit dieser Kriminalitätsform sind vielfältig und enorm, weil die Gesichter der OK so mannigfaltig und wandelbar sind. Ohne Klärung der Merkmale von OK, ihren Aktivitäten und Methoden, kann keine Gegenstrategie und letztendlich kein rechtliches und kriminalpolitisches Konzept, das in Ressourcen und Organisationsstrukturen mündet und von Präventionskonzepten begleitet wird, erfolgreich sein. Dabei spielen Forschung und die vertrauensvolle Zusammenarbeit zwischen Wissenschaft und Praxis eine ganz bedeutende Rolle. Die OK-Forschung ist allerdings in Deutschland nicht gut aufgestellt, was sicherlich auch daran liegt, dass der interdisziplinäre Zugang zu dem OK-Problem nicht einfach zu bewältigen ist. Auch die Ausbildung an den Universitäten und Hochschulen zum OK-Phänomen und zu dessen rechtlicher Einordnung sowie die Aus- und Fortbildung in Polizei und Justiz spielen eine wichtige Rolle. Nur mit einem ganzheitlichen Ansatz lässt sich OK erfassen und auf dieser Grundlage können Gegenkonzeptionen erarbeitet werden.

Die Idee zu diesem Buch hat das Autorenteam gerne aufgenommen. Denn wie bei vielen anderen sehr komplexen Themen ist es auch bei Beschreibung, Einordnung, Konzeptionierung und Bewältigung des OK-Phänomens wichtig, die richtigen Fragen zu stellen. Die Antworten auf diese Fragen wurden in jahrelanger Forschung gewonnen. Viele Fragen verdienten es, ausführlicher beantwortet zu werden, was aus konzeptionellen Gründen unmöglich war. Die Antworten beruhen auf hinreichendem wissenschaftlichen Hintergrund, den sich die geneigte Leserschaft durch die Verweise auf weiterführende Literatur erschließen mag.

Das Werk entstand während der Zusammenarbeit der Autoren in einem von *Prof. Dr. Prof. h.c. Arndt Sinn* initiierten und geleiteten interdisziplinären Forschungsverbund „Organisierte Kriminalität 3.0", der vom Bundesministerium für Bildung und Forschung (BMBF) im Rahmen des Programms „Forschung für die zivile Sicherheit" in den Jahren 2020–2023 gefördert wurde (https://www.jura.uni-osnabrueck.de/forschung/forschungsprojekte/ok_30.html zuletzt 10.07.2023). Die Autorenschaft für die jeweiligen Abschnitte in diesem Buch wird jeweils am Beginn eines Fragenkomplexes genannt.

Ich danke „meinem OK-Team", namentlich *Lars Bojen*, *Yari Dennhardt*, *Marcel P. Iden* und *Patrick Pörtner* für ihr Mitwirken an diesem Buch und die gemeinsame Forschung. Das Autorenteam dankt Frau stud. iur. *Fiona Willeke* sowie Frau *Petra Heidemeyer* für die umsichtige Begleitung des Manuskipts und Herrn *Rainer Berger* vom UVK Verlag für die Unterstützung bis zur Drucklegung.

Was die verwendeten Symbole bedeuten

Toni gibt dir spannende Literatur- und Onlinetipps und er geht auf Beispiele ein.

Die Glühbirne zeigt eine Schlüsselfrage an. Das ist eine der Fragen zum Thema, deren Antwort du unbedingt lesen solltest.

Die Lupe weist dich auf eine Expert:innenfrage hin. Hier geht die Antwort ziemlich in die Tiefe. Sie richtet sich an alle, die es ganz genau wissen wollen.

Organisierte Kriminalität in Zahlen

696 Ermittlungsverfahren
gegen OK-Gruppierungen

187 Ermittlungsverfahren
in Zusammenhang mit der Nutzung kryptierter Telekommunikation durch Gruppierungen der OK
Schwerpunkt: Rauschgiftkriminalität

7.503 OK-Tatverdächtige

70,7 % Internationale Tatbegehungen

OK = Organisierte Kriminalit

Rauschgiftkriminalität
fast die Hälfte aller OK-Gruppierungen handelt mit Betäubungsmitteln

335

Kriminalität in Zusammenhang mit dem Wirtschaftsleben
insbesondere Betrugsdelikte zum Nachteil älterer Menschen

113

Clan-Kriminalität
47 OK-Gruppierungen

Beteiligung tatverdächtiger **Zuwanderer/Zuwanderinnen** an der Organisierten Kriminalität
869 Tatverdächtige

2,2 Mrd. Euro Schaden

1,4 Mrd. Euro kriminelle Erträge

173 Mio. Euro vorl. Sicherungssumme

Quelle: in Anlehnung an Bundeskriminalamt 2022a, S. 2.

Abschnitt 1: Organisierte Kriminalität: Begriffsbestimmung | Patrick Pörtner

Den Begriff „Organisierte Kriminalität“ (abgekürzt „OK“) zu bestimmen, ist nicht einfach. Ein Blick in die Historie ist aufschlussreich. Dieser Blick hilft dabei, die Entwicklung der unterschiedlichen Definitionsversuche und -ansätze national, international und auf europäischer Ebene zu verstehen. Er zeigt allerdings auch, dass die Begriffsbestimmung nie statisch ist und eine Anpassung der Definition im zeitlichen Verlauf notwendig sein kann.

Was versteht man unter dem Begriff der Organisierten Kriminalität (OK)?

Vor etwa 50 Jahren äußerte der damalige Präsident des Bundeskriminalamts (*BKA*), dass es wohl kein Gebiet im Bereich der Kriminalität gebe, dass „der Begriffsbestimmung so sehr bedarf wie das sogenannte organisierte Verbrechen“ (Herold 1975, S. 5). Ungehindert dieser Aussage mangelt es bis heute an einer eindeutigen Klärung und allgemeingültigen Definition des OK-Begriffes.

Bei dem OK-Begriff handelt es sich um einen historisch gewachsenen Begriff, welcher strafrechtliche, strafprozessuale, kriminologische, politische, soziologische und psychologische Aspekte beinhaltet. Der Begriff setzt sich aus den beiden Wörtern „organisiert“ und „Kriminalität“ zusammen. Bereits diese Wortkombination lässt vermuten, dass es sich bei der OK um eine *besondere* Erscheinungsform von Kriminalität handelt. Die OK zeichnet sich im Vergleich zu anderen Erscheinungsformen von Kriminalität gerade dadurch aus, dass sie *organisiert* begangen wird. Die mit der Organisation einhergehende Regelhaftigkeit, Arbeitsteilung, gemeinsame Zielverfolgung, Machtbündelung und Kontinuität ist es, was diese Erscheinungsform von Kriminalität so gefährlich macht. In der Organisation ist das hohe Potenzial einer Straftatbegehung durch Mitglieder einer OK-Gruppierung verankert, welches sich durch eine wiederholende, planmäßig strukturierte und auch für die Zukunft erwartbare Tatbegehung auszeichnet. Aus dem geschilderten Bedrohungspotenzial der OK lässt sich ableiten, dass der OK-Begriff mehrere Begriffselemente umfasst. Üblicherweise werden vier die OK kennzeichnende Begriffselemente unterschieden, namentlich ein personales, zeitliches, organisatorisches und voluntatives Element. Auch wenn die konkreten Anforderungen an die einzelnen Begriffselemente teilweise bis heute umstritten sind, so dürfte jedenfalls dahingehend Einigkeit bestehen, dass unter OK der Zusammenschluss von mehreren Personen für eine gewisse Dauer zu verstehen ist, welcher zur Verfolgung eines gemeinsamen Interesses in organisierter Weise Straftaten begeht.

Die konkreten Anforderungen an die einzelnen Begriffselemente werden hingegen nicht einheitlich beurteilt. Es wird beispielsweise über die notwendige Personenanzahl für den Zusammenschluss diskutiert.

Also, ob der Zusammenschluss mindestens zwei, drei oder noch mehr Personen voraussetzt. Umstritten ist auch die Frage, ob neben dem mit dem OK-Phänomen richtigerweise assoziierten Profitinteresse noch weitere subjektive Interessen anerkannt werden sollten. Wenig überraschend bereitet die Ausfüllung des organisatorischen Begriffselements die größten Schwierigkeiten, da dieses die OK in ganz erheblicher Weise kennzeichnet.

Woher stammt der Begriff der OK?

Der OK-Begriff stammt ursprünglich aus den Vereinigten Staaten (USA). Dort wurde der Begriff des *organized crime* erstmals verwendet und entscheidend geprägt. In den USA war der Begriff des *organized crime* bereits fester Bestandteil in der kriminalpolitischen Diskussion, als dieser mit Beginn der 1960er-Jahre auch in der Bundesrepublik zunehmend übernommen wurde. Vermutlich im Jahr 1896 wurde der Begriff des *organized crime* zum ersten Mal fachlichkundig in dem jährlichen Jahresbericht der New Yorker Gesellschaft für Verbrechensbekämpfung (Woodiwiss 2003, S. 5) ewähnt. Mit einer inhaltlichen Bedeutung wurde der Begriff sodann im Jahr 1919 in Chicago versehen, als die „Chicago Crime Commission“ über die damaligen kriminellen Entwicklungen in der Stadt im Zusammenhang mit der Prohibition (näher hierzu → S. 52 f.) sprach (von Lampe 1999, S. 26 f.). Zu dieser Zeit hatte der Begriff des *organized crime* allerdings noch mehrere Bedeutungen und wurde zumeist als Synonym für den Begriff *racketeering* und damit für Gaunereien bzw. Gangstertum verwendet (Paoli/Vander Beken 2014, S. 14). Beginnend mit den 1920er- und 1930er-Jahren setzte man sich im Rahmen der beiden Studien von Trasher (1927) und Ledesco (1929) auch erstmalig von wissenschaftlicher Seite aus mit dem Phänomen auseinander. Das bis heute in den USA überwiegend vorherrschende OK-Begriffsverständnis, von einem hierarchisch organisierten italo-amerikanischen Mafia-Syndikat, welches durch illegale Geschäfte das *organized crime* dominiere und die lautere amerikanische Gesellschaft unterwandere, wurde im Wesentlichen ab den 1950er-Jahren von der US-Regierung geprägt. Dieses Bild eines Mafia-Mythos wurde durch zahlreiche künstlerische Inszenierung in Büchern und Filmen auch fest in der Gesellschaft verankert. In den 1980er-Jahren wurde die ausschließliche Fokussierung auf italienische Staatsangehörige allerdings aufgegeben, da man zu der Erkennntis gelangt war, dass „Gangster" jeder ethnischen Herkunft in systematische kriminelle Aktivitäten verwickelt sind (von Lampe 2016, S. 23).

Literaturtipp

Ausführlich zum Begriff des *organized crime*: von Lampe, K. 1999.

Ist eine Begriffsbestimmung der OK erforderlich?

Für ein Erfordernis einer OK-Begriffsbestimmung lassen sich mehrere Gründe anführen. Eine OK-Definition ist bereits aus rechtsstaatlichen Gesichtspunkten geboten. Dies gilt jedenfalls, solange der Gesetzgeber den OK-Begriff weiterhin zur Grundlage und Intention („legitimer Zweck" im Kontext der Verhältnismäßigkeit von Gesetzen) seiner gesetzgeberischen Aktivitäten macht. In der Vergangenheit hat der Bundesgesetzgeber das OK-Phänomen mehrfach zum Anlass für Anpassungen im materiellen Strafrecht insbesondere im Strafgesetzbuch (StGB) genommen. Auf das Argument der erforderlichen effektiveren OK-Bekämpfung gestützt, wurden bestehende Straftatbestände verschärft sowie neue Straftatbestände eingeführt, ohne dass diese gesetzlichen Maßnahmen in ihrer konkreten Ausgestaltung auf die OK-Verfolgung beschränkt wurden. Dieses Vorgehen des Gesetzgebers lässt sich in gleicher Weise auch für das Strafverfahrensrecht feststellen. In der Strafprozessordnung (StPO) wurden ebenfalls neue besondere Ermittlungsmaßnahmen mit dem Argument der effektiveren OK-Verfolgung geschaffen, ohne dass die neuen Maßnahmen auf die Verfolgung von OK beschränkt wurden. Das Ergebnis ist eine allgemeine Verschärfung des Straf- und Strafprozessrechts, welche maßgeblich durch das Fehlen einer klaren und allgemeingültigen OK-Definition gefördert wird. Prominentestes Beispiel für derartige gesetzgeberische Aktivitäten, ist das Gesetz zur Bekämpfung des illegalen Rauschgifthandels und anderer Erscheinungsformen der Organisierten Kriminalität (OrgKG) aus dem Jahr 1992 (BGBl. 1992, S. 1302), welches vor diesem Hintergund

durchaus kritisch meinend als Musterbeispiel modernen Strafrechts bezeichnet wurde (Hassemer 1992, S. 64). Die Gefahr der Ausweitung von Tatbeständen, welche ausdrücklich von dem Gesetzgeber mit dem Ziel der OK-Verfolgung eingeführt werden, auf Bereiche außerhalb der OK könnte dadurch vermieden werden, dass die OK und ihre Grenzen klar und eindeutig durch eine Definition bestimmt werden.
Losgelöst von diesen rechtsstaatlichen Erwägungen ist eine OK-Definition bereits aus rein kriminalpraktischen wie auch kriminalpolitischen Gründen angezeigt. Für eine Vorbeugung (Prävention) und Verfolgung (Repression) von OK werden Merkmale vorausgesetzt, welche sich in einer Definition zusammenfassen lassen, um die OK für eine wirksame und nachhaltige Verfolgungsstrategie sichtbar zu machen. Wenn deutlich wird, dass von der OK ein erhöhtes Bedrohungspotenzial und besonders hohe Schäden für die Gesellschaft ausgehen, so können auch besondere Präventions- und Ermittlungsmaßnahmen durchgeführt werden (Sinn/Storbeck 2022, S. 3). Daneben ermöglicht eine Definition die Einordnung eines Ermittlungskomplexes als OK, was Einfluss auf die Organisation bei den Strafverfolgungsbehörden hat. Wird ein Kriminalitätsphänomen als OK eingeordnet, so sind hieran heute in einigen Bundesländern Zuständigkeiten von Schwerpunktstaatsanwaltschaften wie auch im polizeilichen Bereich (OK-Dezernate) geknüpft. Um die Frage nach deren Zuständigkeiten klar zu regeln und dadurch nicht zuletzt einen effektiven und nachhaltigen Einsatz der Ressourcen dieser Spezialabteilungen sicherzustellen, bedarf es ebenfalls einer OK-Definition.

Worin bestehen die (weiteren) Vorteile einer OK-Definition?

Darüber hinaus sprechen weitere Vorteile für eine OK-Definition. Bei der OK handelt es sich um ein internationales und transnationales Kriminalitätsphänomen, welches nicht an Ländergrenzen Halt macht. OK-Gruppierungen sind regelmäßig grenzüberschreitend aktiv. Von zentraler Bedeutung ist daher, dass die OK gemeinsam international verfolgt wird. Zwar folgt ein Definitionserfordernis auf Ebene der Europäischen Union (EU) nicht aus Art. 83 Abs. 1 AEUV und somit aus dem europäischen Primärrecht, da es sich hierbei lediglich um eine Kompetenzvorschrift handelt. Ein gemeinsames europäisches OK-Verständnis ist aber dennoch überaus sinnvoll. Damit alle 27 Mitgliedsstaaten dasselbe Kriminalitätsphänomen vor Augen haben, um dieses geschlossen und effektiv bekämpfen zu können, bedarf es eines übereinstimmenden OK-Verständnisses, welches idealwerweise durch eine Definition abgesichert wird. Konsequenterweise wird deshalb auch in den *SOCTA*-Berichten von *Europol* zur EU-weiten OK-Erfassung auf die Definition der „kriminellen Vereinigung" aus dem Rahmenbeschluss zur Bekämpfung der organisierten Kriminalität vom 24.10.2008 zurückgegriffen (vgl. Rat der EU, Dok. 9992/2/12 Rev 2 ENFOPOL 137, Annex S. 8).

Auch aus wissenschaftlicher Perspektive ist eine einheitliche OK-Definition wünschenswert. Dies gilt insbesondere für die Kriminologie. Ein wesentliches Forschungsfeld der Kriminologie ist die Kriminalphänomenologie, welche die verschiedenen Erscheinungsformen von Kriminalität untersucht und zu beschreiben versucht (Schwind/Schwind 2021, S. 11). Diese Forschungen sind aber nur dann möglich, wenn es gelingt, den konkreten Forschungsgegenstand – hier die Erforschung des OK-Phänomens – zu definieren oder zumindest ansatzweise zu bestimmen und einzugrenzen. Daneben ist eine Empirie innerhalb der kriminalwissenschaftlichen Forschung ohne eine OK-Definition nicht möglich. Selbstverständlich liegt deshalb auch dem jährlich vom *BKA* herausgegebenen Bundeslagebild zur Organisierten Kriminalität eine OK-Definition zugrunde, auch wenn diese nicht als allgemeingültig bezeichnet werden kann (→ S. 41 ff.). Folglich ist für das Gelingen jeglicher Form von OK-Forschungen eine OK-Definition durchaus sinnvoll und hilfreich.

Gibt es weltweit eine allgemein anerkannte Begriffsbestimmung der OK?

Aufgrund der Komplexität des Phänomens, welches nicht zuletzt in den verschiedensten Ausprägungen von Organisationsformen und den unterschiedlichsten kriminellen Geschäftsmodellen ihren Ausdruck findet, hat sich bis heute keine allgemein anerkannte Definition der OK etablieren können. Es fällt überaus schwer, die verschiedenen und sich ständig wandelnden Gesichter der OK in ein starres definitorisches Korsett zu zwingen. Dieser Schwierigkeit ist es geschuldet, dass weltweit wohl über 200 verschiedene Definitionsansätze (eine Auflistung ist zu finden unter: http://www.organized-crime.de/organizedcrimedefinitions.htm Stand 10.07.2023) existieren. Viele Staaten arbeiten im Rahmen der begrifflichen Erfassung und Aufarbeitung des Phänomens mit eigenen und zum Teil voneinander abweichenden Phänomenbeschreibungen, auch wenn viele Merkmale sich oftmals in ähnlicher Form in den einzelnen Beschreibungen wiederfinden. Im Jahr 2000 haben sich durch die Unterzeichnung des Palermo-Übereinkommens der Vereinten Nationen (UNTOC) die Vertragsstaaten für ein angeglichenes OK-Verständnis entschieden. Die UNTOC beschreibt die Merkmale einer „organisierten kriminellen Gruppe“. Zwar haben die Vertragsstaaten bei der rechtlichen Implementierung der Merkmale in die nationalen Strafrechtssysteme einen weiten Spielraum. Allerdings ist nicht zu übersehen, dass die internationalen Vorgaben Einfluss auf das weltweite OK-Verständnis genommen haben, was sowohl zu (begrifflichen) Anpassungen auf europäischer wie auch nationaler Ebene geführt hat. Näher zum OK-Verständnis der Vereinten Nationen und der EU siehe unten.

Wie verlief die innerdeutsche Begriffsdebatte?

In den USA erreichte in den 1960er-Jahren die Debatte um das *organized crime* ihren vorläufigen Höhepunkt. Dies führte dazu, dass man zu dieser Zeit in Deutschland die Frage aufwarf, ob dieses Kriminalitätsphänomen auch in der Bundesrepublik existent und ob dieses für die eigene Sicherheitslage relevant sei. In Polizeikreisen war man sich zwar Ende der 1960er-Jahre noch überwiegend dahingehend einig, dass die Situation nicht mit der auf der anderen Seite des Atlantiks vergleichbar sei, nichtsdestoweniger wurde teils offen die Sorge geäußert, dass sich in der Bundesrepublik bald eine Kriminalitätslage wie in den USA entwickeln könne (Mätzler 1968, S. 405; von Lampe 2019, S. 25 m.w.N.) Die Folge war, dass sich das *organisierte Verbrechen* bzw. die *organisierte Kriminalität* allmählich zu einem festen Bestandteil der nationalen kriminalpolitischen Diskussion entwickelte. Auch wenn weitestgehend darin Einigkeit bestand, dass in Deutschland kein *organized crime* nach amerikanischem Vorbild herrsche (Göppinger 1971, S. 383; Kerner 1973, S. 294), sprach man sich dennoch dafür aus, den OK-Begriff auch in der Bundesrepublik etablieren zu wollen. Man müsse sich dabei von dem amerikanischen Begriff des *organized crime* lösen und zu einem originären deutschen OK-Verständnis für die hiesigen

Kriminalitätsphänomene gelangen (Kollmar 1974, S. 1). Dies führte dazu, dass sich ab Mitte der 70er-Jahre des 20. Jarhunderts die OK-Existenzdebatte hin zu einer OK-Begriffsdebatte entwickelte.

Noch im Jahr 1973 wurde von der Arbeitsgemeinschaft der Leiter der Landeskriminalämter mit dem Bundeskriminalamt (AG Kripo) eine Fachkommission „Organisierte Kriminalität" eingesetzt, welche den Auftrag erhielt, eine OK-Definition zu erarbeiten. Die Kommission erhielt die Vorgabe, eine Definition zu entwickeln, welche eine Abgrenzung zum amerikanischen *organized crime* und zur allgemeinen Banden- und Gruppenkriminalität ermöglichen würde (Boettcher 1975, S. 185). Im Jahr 1974 wurde das Ergebnis präsentiert. Die erste deutsche OK-Definition lautete:

> „Der Begriff der organisierten Kriminalität umfaßt Straftaten, die von mehr als zweistufig gegliederten Verbindungen oder von mehreren Gruppen in nicht nur vorübergehendem arbeitsteiligem Zusammenwirken begangen werden, um materielle Gewinne zu erzielen oder Einfluß im öffentlichen Leben zu nehmen" (Boettcher 1975, S. 186).

Da man der Auffassung war, dass die Definition die an sie vorab gestellten Vorgaben nicht hinreichend erfüllen würde, wurde sie allerdings nicht offiziell verabschiedet. Im Anschluss herrschte dann fast zehn Jahre Ruhe in der deutschen OK-Begriffsdebatte. Ein wesentlicher Grund dafür liegt in den terroristischen Aktivitäten der RAF und der daran anschließenden priorisierten kriminalpolitischen Diskussion. Erst im Jahr 1983 unterbreitete ein Ad-hoc-Ausschuss des Arbeitskreises II. der Innenministerkonferenz (IMK) einen neuen Definitionsvorschlag, ohne dass hierzu ein entsprechender Auftrag vorgelegen hätte. Die Definition lautete:

> „Dabei ist unter organisierter Kriminalität (OK) nicht nur eine mafiaähnliche Parallelgesellschaft i.S. des organized crime zu verstehen, sondern ein arbeitsteiliges, bewußtes und gewolltes auf Dauer angelegtes Zusammenwirken mehrerer Personen zur Begehung strafbarer Handlungen – häufig unter Ausnutzung moderner Infrastrukturen – mit dem Ziel, möglichst schnell hohe finanzielle Gewinne zu erreichen" (abgedruckt in Bürgerrecht&/Polizei/Cilip 1984, S. 77 f.).

Die Reaktionen auf diese Definition waren ebenfalls verhalten. Sie ist deutlich weiter formuliert als die Definition von 1974 und wurde vor diesem Hintergrund auch kritisiert (Busch 1992, S. 381 f.). Trotz der geäußerten Kritik galt diese Definition insbesondere in Ermittlerkreisen – mangels eines offiziellen Definitionserarbeitungsauftrages – zunächst als semi-offizielle

Definition. In Polizeikreisen war man ohnehin Mitte der 1980er-Jahre der Begriffsdiskussion müde und vielmehr der Auffassung, dass endlich gehandelt werden müsse. Ambivalent hierzu war hingegen das Meinungsbild auf der obersten politischen Ebene, welche zu dieser Zeit die OK-Thematik erst für sich zu entdecken schien. Im Jahr 1989 setzte die Justiz- und Innenministerkonferenz eine „Gemeinsame Arbeitsgruppe Justiz/Polizei zur Strafverfolgung Organisierter Kriminalität“ (GAG Justiz/Polizei) ein, welche unter anderem den Themenkomplex des OK-Begriffes bearbeiten sollte. Hierzu bildete die GAG Justiz/Polizei eine eigene Unterarbeitsgruppe mit dem Namen „Lagebild der Organisierten Kriminalität; Begriff der Organisierten Kriminalität; Indikatoren für Organisierte Kriminalität“. Diese Unterarbeitsgruppe erarbeitete innerhalb kürzester Zeit einen neuen OK-Definitionsvorschlag, welcher im Mai 1990 von der GAG Justiz/Polizei verabschiedet wurde. Die Definition wurde in die ebenfalls von der GAG Justiz/Polizei ausgearbeiteten *Gemeinsame Richtlinien der Justizminister/-senatoren und der Innenminister/-senatoren der Länder über die Zusammenarbeit von Staatsanwaltschaft und Polizei bei der Verfolgung der Organisierten Kriminalität* (im Folgenden: *Gemeinsame Richtlinien*) integriert und durch zahlreiche Erlasse der Bundesländer auf Landesebene in Kraft gesetzt. Damit gab es sie nun endlich, die offizielle deutsche OK-Definition, welche seit mittlerweile über 30 Jahren unverändert Bestand hat.

Wie lautet die derzeitige deutsche OK-Definition?

Die aktuelle deutsche OK-Definition ist unter der Ziffer 2.1 der Gemeinsamen Richtlinien zu finden und lautet:

> „Organisierte Kriminalität ist die von Gewinn- oder Machtstreben bestimmte planmäßige Begehung von Straftaten, die einzeln oder in ihrer Gesamtheit von erheblicher Bedeutung sind, wenn mehr als zwei Beteiligte auf längere oder unbestimmte Dauer arbeitsteilig
> a) unter Verwendung gewerblicher oder geschäftsähnlicher Strukturen,
> b) unter Verwendung von Gewalt oder anderer zur Einschüchterung geeigneter Mittel oder
> c) unter Einflußnahme auf Politik, Medien, öffentliche Verwaltung, Justiz oder Wirtschaft

zusammenwirken.

Der Begriff umfasst nicht Straftaten des Terrorismus."

In den Gemeinsamen Richtlinien wird die Definition noch von zwei Auflistungen bzw. Katalogen ergänzt. Diese sollen bei der Erkennung OK-relevanter Sachverhalte in der Strafverfolgungspraxis helfen. Unter der Ziffer 2.3 der Gemeinsamen Richtlinien findet sich eine Liste von Kriminalitätsbereichen, in denen die OK „zurzeit vorwiegend" festgestellt wird. Die hier genannten Kriminalitätsbereiche reichen vom Rauschgifthandel und -schmuggel sowie Waffenhandel und -schmuggel über Kriminalität im Zusammenhang mit dem Nachtleben (vor allem Zuhälterei, Prostitution, Menschenhandel, illegales Glücks- und Falschspiel) bis hin zum Kapitalanlagebetrug. Zusätzlich enthält die Anlage zu den Gemeinsamen Richtlinien, auf diese die Ziffer 2.4 der Gemeinsamen Richtlinien ausdrücklich Bezug nimmt, noch einen 50 Indikatoren umfassenden Katalog mit „[g]enerellen Indikatoren zur Erkennung OK-relevanter Sachverhalte". Die aufgelisteten Indikatoren werden hierbei in elf Gruppen eingeordnet, welche von der „Vorbereitung und Planung der Tat" über die „Ausführung der Tat", bis hin zur „Verwertung der Beute" oder „Hilfe für Gruppenmitglieder" reichen.

Was kennzeichnet die OK-Definition von 1990?

Die OK-Definition in den Gemeinsamen Richtlinien hat die Rechtsnatur einer Verwaltungsrichtlinie. Es handelt sich damit um bloßes Verwaltungsinnenrecht ohne Außenwirkung. Die Definition zeichnet sich insbesondere dadurch aus, dass diese äußerst variabel und flexibel in ihrer praktischen Anwendung ist. Besonders deutlich wird dies bei der Betrachtung des Aufbaus, der Struktur und der Funktionsweise der Definition. Die Definition lässt sich zunächst in drei (Satz-)Teile untergliedern. Im ersten Teil sind die so genannten *generellen Merkmale* aufgeführt. Es handelt sich hierbei um sechs Merkmale, welche zwingend sind, also kumulativ vorliegen müssen. An die generellen Merkmale schließen sich drei *spezielle OK-Merkmale* an, welche innerhalb der Definition mit den Kleinbuchstaben a), b) und c) gekennzeichnet sind. Die speziellen Merkmale stehen lediglich in einem

Alternativverhältnis zueinander. Deutlich wird dies an dem Wort „oder“ am Ende der Variante b). Im dritten und letzten Teil der Definition wird der „Terrorismus“ über eine Negation von der Definition ausgeklammert. Hierbei handelt es sich also um kein die OK kennzeichnendes Merkmal, sondern vielmehr um einen reinen definitorischen Ausschluss. Andernfalls wären Fälle des Terrorismus durchaus unter die Merkmale der Definition subsumierbar. Es ist also von OK im Sinne der Definition auszugehen, wenn die sechs generellen Merkmale gegeben sind, sobald eines der drei speziellen Merkmale hinzutritt und kein Fall des Terrorismus vorliegt. Mathematisch ausgedrückt

$$\text{OK} = 6 + (1 \text{ aus } 3) - \text{Terrorismus}.$$

Werden die zwingenden generellen Merkmale näher in den Blick genommen, dann wird sichtbar, dass hier nur bei der Hälfte der genannten Merkmale eine tatsächliche definitorische Einzelbindung besteht. Bereits im ersten (Satz-)Teil der Definition ist das Wort *oder* drei Mal enthalten. Zwingend im Sinne einer Merkmalseinzelbindung wird allein vorgegeben, dass mehr als zwei Beteiligte arbeitsteilig und planmäßig Straftaten (von erheblicher Bedeutung) begehen müssen. Innerhalb der übrigen drei Merkmale besteht hingegen jeweils eine Wahlmöglichkeit. So muss zwar zwingend ein subjektives Ziel bei dem gemeinsamen Zusammenwirken verfolgt werden, dieses Ziel kann aber sowohl in einem Gewinnstreben als auch in einem Machtstreben liegen. Der Zusammenschluss muss daneben zur Verfolgung des subjektiven Ziels des Gewinn- oder Machstrebens Straftaten von erheblicher Bedeutung begehen. Die Ermittlung der „erheblichen Bedeutung“ der begangenen Straftaten wird hingegen erneut mit einer Wahlmöglichkeit verknüpft. So kann eine Straftat bereits für sich genommen von erheblicher Bedeutung sein oder die erhebliche Bedeutung wird über einen Summierungseffekt erreicht, indem mehrere Straftaten in ihrer Gesamtheit als von erheblicher Bedeutung zu bewerten sind. Eine solche Wahlmöglichkeit besteht daneben auch beim zeitlichen Kriterium der Dauer. Die Beziehungen zwischen der Erst- und Zweitnennung innerhalb der generellen Definitionsmerkmale und die damit einhergehende definitorische Flexibilität wird in der folgenden Tabelle ersichtlich:

Erstnennung in der Definition	Beziehung	Zweitnennung in der Definition
Straftaten *einzeln* von erheblicher Bedeutung	oder	Straftaten in ihrer *Gesamtheit* von erheblicher Bedeutung
Gewinnstreben	oder	Machtstreben
längere Dauer	oder	unbestimmte Dauer
arbeitsteilig	Einzelbindung	
mehr als zwei Personen	Einzelbindung	
planmäßig	Einzelbindung	

Tabelle 1: Generelle Merkmale der OK-Definition. Angelehnt an Liebl 2009, S. 66.

Noch flexibler ist die Handhabung der speziellen Merkmale innerhalb der Definition ausgestaltet, welche lediglich in einem Alternativverhältnis zueinanderstehen. Innerhalb dieser drei speziellen Merkmale gibt es sodann keine Einzelbindung von Merkmalen mehr. Dies wird in der nachfolgenden Übersicht gut sichtbar:

Nennung	Beziehung	Nennung	Beziehung
gewerbliche Strukturen	oder	geschäftsähnliche Strukturen	
Gewaltanwendung	oder	Einschüchterung	
Einflussnahme auf Politik Einflussnahme auf öffentliche Verwaltung Einflussnahme auf Wirtschaft	oder oder	Einflussnahme auf Medien Einflussnahme auf Justiz	oder oder

Tabelle 2: Spezielle Merkmale der OK-Definition. Angelehnt an Liebl 2009, S. 67.

Wird die Definition in ihrer Gesamtheit betrachtet, so ist in dieser OK-Begriffsbestimmung sieben Mal das Wort *oder* enthalten. Diese Oder-Verknüpfungen stehen sinnbildlich für das mit der Definition verfolgte Flexibilitätskonzept in der OK-Erfassung. Die Definition wird häufig als

Arbeitsdefinition bezeichnet, weil sie die Grundlage für die Erhebung der relevanten Ermittlungsverfahren für das Bundeslagebild OK bildet und sie strategisch-polizeilichen Zwecken dient. Im Kern ist die Definition ein Legitimationsgrund für:

- neue Rechtsgrundlagen,
- Zuständigkeitsregelungen,
- die Ressourcenverteilung,
- nationale und internationale Kooperationen und
- die Informationssammlung, -analyse, -verarbeitung, -verwertung

(vgl. Pütter 1998, S. 285 f.; Sinn 2016, S. 8; Ulrich 2022, S. 76; Kinzig 2004, S. 60).

Hingegen ist die OK-Definition in der Gerichtspraxis und für das Strafverfahren nahezu bedeutungslos (Wigand/Büchler 2002, S. 17; Sinn 2016, S. 6).

Ist die Definition von 1990 allgemein in der Wissenschaft und Praxis anerkannt?

Der deutschen OK-Definition aus dem Jahr 1990 kann keine Allgemeingültigkeit attestiert werden. Dies gilt jedenfalls, sofern die drei Staatsgewalten (Art. 1 Abs. 3 GG bzw. Art. 20 Abs. 2, 3 GG) und die Wissenschaft zugrunde gelegt werden. Ein gewisses Maß an Akzeptanz der Definition ist noch innerhalb der Legislative und Exekutive vorzufinden. Der Bundesgesetzgeber nimmt die Definition erstmals 1992 im Rahmen des Gesetzgebungsprozesses zum OrgKG bewusst zur Kenntnis. In der Gesetzesbegründung greift der Gesetzgeber die Definition auf und orientiert sich an dieser, obwohl diese für nicht ausreichend gefestigt erachtet wird (vgl. BT-Drs. 12/989, S. 24). Gut zwei Jahre später, im Gesetzesentwurf zum Verbrechensbekämpfungsgesetz, führt der Gesetzgeber aus, dass es bisher nicht gelungen sei, die OK hinreichend zu definieren (vgl. BT-Drs. 12/6853, S. 40). Ein klares Bekenntnis des Bundesgesetzgebers kann hierin zweifellos nicht gesehen werden. Ein leicht anderes Bild zeichnet sich hingegen auf der Ebene der Landesgesetzgebung ab. Hier wurde die OK-Definition nicht nur innerhalb von Gesetzgebungsmaterialien aufgegriffen, sondern in einigen Landesgesetzen findet sich sogar eine gesetzliche Definition der OK. Diese gesetzlichen Definitionen, welche vorwiegend in den Landesverfassungsschutzgesetzen enthalten sind (z.B. Bayern, Hessen und Saarland; → S. 113 f.), orientieren sich sehr eng an der OK-Definition von 1990. Hieraus lässt sich zumindest ein gewisser Grad an Akzeptanz ableiten.

Ein gewisses Maß an Akzeptanz der Definition herrscht auch innerhalb der Exekutive vor. Insbesondere ist die Definition in Kreisen der Polizei und Staatsanwaltschaften auf Zustimmung gestoßen. Dies dürfte darin begründet liegen, dass die *Gemeinsamen Richtlinien*, in welchen die OK-Definition verankert ist, die Arbeitsgrundlage der Strafverfolgungsbehörden im Rahmen der OK-Verfolgung darstellen. An die OK-Definitionen werden insbesondere Zuständigkeitsfragen von OK-Spezialabteilungen innerhalb von Polizei und Staatsanwaltschaft angeknüpft, wodurch die Definition Einfluss auf die Arbeitsorganisation dieser Behörden nimmt. Es dürfte weniger überraschen, dass eine derart flexibel ausgestaltete Definition, an welche Zuständigkeiten und Ressourcen geknüpft sind, innerhalb der Strafverfolgungsbehörden auf Wohlwollen trifft. Daneben liegt die Definition bereits seit dem Jahr 1991 dem jährlich vom *BKA* herausgegebenen Bundeslagebild der OK zugrunde. Damit findet die empirische Hellfelderhebung der OK innerhalb Deutschlands auf Grundlage der OK-Definition statt, was nicht zuletzt in den Kreisen der Polizei für eine gewisse Akzeptanz gesorgt haben dürfte. Deutlich kritischer positionierten sich in der Vergangenheit hingegen das Bundesministerium des Inneren und das damalige Bundesministerium für Justiz und Verbraucherschutz. Eine eindeutige Stellungnahme dieser beiden Ministerien kann dem ersten und zweiten Periodischen Sicherheitsbericht entnommen werden. Dort wird übereinstimmend festgestellt, dass keine einhellig anerkannte OK-Definition in Deutschland existiere (vgl. BMI/BMJ 2001, S. 247; BMI/BMJ 2006, S. 447). Der dritte Periodische Sicherheitsbericht aus dem Jahr 2021 verhält sich hingegen nicht mehr zur OK-Definition und ist enttäuschend.

Die Resonanz der Rechtsprechung auf die OK-Definition kann ebenfalls als verhalten bezeichnet werden. Zwar lassen sich durchaus Urteile finden, in denen die OK-Definition aufgegriffen wird, eine allgemeine Akzeptanz der Judikative lässt sich hieraus aber nicht ableiten. Recht deutlich hat sich hingegen das Bundesverfassungsgericht (BVerfG) positioniert. Dieses hat wiederholt zum Ausdruck gebracht, dass auch vor dem Hintergrund der OK-Definition von der „Weichheit“ und „Unbestimmtheit“ des OK-Begriffes ausgegangen werden muss (vgl. BVerfGE 105, S. 163; BVerfGE 109, S. 338 f.).

Mit Abstand die umfassendste Kritik an der OK-Definition kommt allerdings aus der Wissenschaft. Wiederholt wird die Definition als substanzlos und unbestimmt kritisiert, sodass ihr teilweise sogar ganz die Eigenschaft als Definition abgesprochen wird (Busch 1992, S. 382; von Lampe 2001, S. 466). Mit der Definition sei es allenfalls vordergründig gelungen, den OK-Begriff zu klären (von Lampe 2019, S. 37). Die Definition bliebe insgesamt konturlos (Pütter 1998, S. 285). Daher gebe die Definition eher eine Richtungs- als eine Begriffsbestimmung (Hassemer 1993, S. 665). Die OK-Definition von 1990 ist damit in der Wissenschaft bis heute überwiegend auf Ablehnung gestoßen.

Wie verlief die OK-Begriffsdebatte auf internationaler Ebene?

Bei der OK handelt es sich um ein international verbreitetes Kriminalitätsphänomen, welches nicht an Ländergrenzen Halt macht. Es war daher nur eine Frage der Zeit, wann man sich auf der Ebene der Vereinten Nationen (VN) und der Europäischen Union (EU) mit dem OK-Phänomen und dem hiermit verknüpften OK-Begriff befassen würde.

Angestoßen wurde die Debatte über die Notwendigkeit einer ersten konkreten internationalen VN-Konvention zur Verfolgung von OK im Jahr 1996 durch die polnische Regierung, indem diese einen konkreten Vorschlag für eine OK-Konvention unterbreitete (VN-Dok. A/C.3/51/7, Annex). Vor dem Hintergrund dieses Vorschlags sprach sich die Mehrheit der VN-Mitgliedsstaaten für die Notwendigkeit einer solchen Konvention aus (Pintaske 2014, S. 51). Die VN-Strafrechtskommission eruierte anschließend Vorschläge zu Themen, welche zum Gegenstand einer solchen Konvention gemacht werden sollten. Zur Prüfung der Vorschläge wurde sodann extra eine eigene Arbeitsgruppe eingerichtet (VN-Dok. E/RES/1996/27, Nr. 10 (c), S. 49). Es wurde in diesem Zusammenhang auch bereits über die Aufnahme einer eigenen OK-Begriffsbestimmung in die zu erarbeitende Konvention diskutiert (vgl. VN-Dok. E/RES/1997/22, Annex IV Nr. 5., S. 54). Man gelangte zu dem Ergebnis, dass das Ziel einer akzeptablen OK-Begrifflichkeit ein schwieriges, aber kein unüberwindbares Problem wäre (VN-Dok. E/RES/1997/22, Annex IV Nr. 5., S. 54). Im Anschluss an diese erste Diskussion wurde eine zwischenstaatliche Expertengruppe eingesetzt, welche eine Vorabfassung einer VN-Konvention gegen die grenzüberschreitende OK ausarbeiten sollte (vgl. VN-Dok. A/RES/52/85, Nr. 14, S. 3). Dieser Erarbeitungsprozess endete schließlich mit dem Ergebnis, dass ein von der VN-Strafrechtskommission gebilligter Resolutionsentwurf (VN-Dok. E/1998/30 – E/CN.15/1998/11, Kap.

I. A. draft resolution II., S. 4) vorlag, in welchem die Einrichtung einer zwischenstaatlichen Expertengruppe zur Ausarbeitung einer allumfassenden internationalen Konvention gegen transnationale OK gefordert und zur weiteren Diskussion aufgerufen wurde (Pintaske 2014, S. 52). Fortan lag es damit in den Händen der VN-Generalversammlung, aus diesen Vorarbeiten ein effektives Mittel gegen die grenzüberschreitende OK zu entwickeln. Die Generalversammlung nahm sich der Sache unmittelbar an, indem noch im Jahr 1998 ein Ad-hoc-Commitee eingerichtet wurde, welches ein umfassendes Übereinkommen gegen die transnationale OK ausarbeiten sollte (VN-Dok. A/RES/53/111 Nr. 10, S. 3). Nach intensiver Diskussion erarbeitete der eingesetzte Ad-hoc-Ausschuss einen abschließenden Konventionsentwurf. Mit Resolution vom 15.11.2000 wurde die United Nations Convention against Transnational Organized Crime (UNTOC/Palermo-Übereinkommen) von der VN-Generalversammlung verabschiedet (VN-Dok. A/RES/55/25 Nr. 2, S. 2). Die Mehrzahl der VN-Vertragsstaaten nutzte noch in Palermo (12.12.–15.12.2000) die Gelegenheit, das Abkommen zu unterzeichnen. Am 29.09.2003 ist die UNTOC völkerrechtlich in Kraft getreten. Das Abkommen umfasst insgesamt 41 Artikel, welche das Ziel der Förderung der Zusammenarbeit zur wirksamen Verhütung und Bekämpfung der grenzüberschreitenden Organisierten Kriminalität verfolgen, vgl. Art. 1 UNTOC. Daneben liegt der UNTOC auch ein eigenes OK-Begriffsverständnis zugrunde, welches in dieser Form erstmalig international kodifiziert wurde.

Literaturtipp

Umfassend zur UNTOC und dessen Einfluss auf das Deutsche Strafrecht: Pintaske, 2014.

Wie lautet das OK-Begriffsverständnis der Vereinten Nationen?

Die UNTOC enthält zwar keine genaue Definition des Begriffs „grenzüberschreitende organisierte Kriminalität". Es werden auch nicht die Arten von Straftaten aufgeführt, die als solche gelten können. Mit dieser fehlenden Definition sollte eine breitere Anwendbarkeit der UNTOC auf neue Arten von Verbrechen ermöglicht werden, die im Zuge der sich im Laufe der Zeit ändernden globalen, regionalen und lokalen Bedingungen ständig neu entstehen. Allerdings werden in Art. 2 der UNTOC die für das gesamte Abkommen relevanten Begriffsbestimmungen definiert und damit ganz wesentliche Wegweisungen für das international geltende OK-Begriffsverständnis gegeben. In Art. 2 lit. (a) UNTOC werden die Merkmale einer „organized criminal group" beschrieben. Diese Definition, welche bis heute gilt, hat damit eine erste internationale Grundlage für das Verständnis von OK geschaffen. In der deutschen Übersetzung heißt es dort:

> „Artikel 2
> Begriffsbestimmungen
> Im Sinne dieses Übereinkommens
> (a) bezeichnet der Ausdruck ‚organisierte kriminelle Gruppe' eine strukturierte Gruppe von drei oder mehr Personen, die eine gewisse Zeit lang besteht und gemeinsam mit dem Ziel vorgeht, eine oder mehrere schwere Straftaten oder in Übereinstimmung mit diesem Übereinkommen umschriebene Straftaten zu begehen, um sich unmittelbar oder mittelbar einen finanziellen oder sonstigen materiellen Vorteil zu verschaffen;"

Diese Begriffsbestimmung enthält vier die OK kennzeichnende Begriffselemente. Es müssen mindestens drei Personen (personales Element) für eine längere Dauer (zeitliches Element) als Teil einer „strukturierten Gruppe" (strukturelles/organisatorisches Element) zusammenwirken und dabei Straftaten mit dem Ziel, sich unmittelbar oder mittelbar einen finanziellen oder sonstigen materiellen Vorteil zu verschaffen (voluntatives Element), begehen. Das in der Definition enthaltene organisatorische Begriffselement der strukturierten Gruppe wird sodann in Art. 2 lit. (c) UNTOC näher definiert. Hiernach ist eine strukturierte Gruppe:

> „(...) eine Gruppe, die nicht zufällig zur unmittelbaren Begehung einer Straftat gebildet wird und nicht notwendigerweise förmlich festgelegte Rollen für ihre Mitglieder, eine kontinuierliche Mitgliedschaft oder eine ausgeprägte Struktur hat;".

Die Definition der strukturierten Gruppe ist sehr offengehalten. Sie macht deutlich, dass es auf *kein Maximum von Strukturmerkmalen* ankommt, aber dennoch eine gewisse Struktur vorhanden sein muss. Auf diese Weise soll es gelingen, die sich ständig wandelnden Strukturen der OK mit der nötigen begrifflichen Flexibilität zu erfassen.

Wie hat sich das OK-Begriffsverständnis auf europäischer Ebene entwickelt?

Zunächst noch losgelöst von den Entwicklungen auf Ebene der VN befasste man sich mit Beginn der 1990er-Jahre und im Zuge der Errichtung der EU durch den Vertrag von Maastricht im Jahr 1992 auch auf europäischer Ebene mit dem OK-Phänomen und dessen Begriff. Man erkannte, dass die Errungenschaften des fortschreitenden europäischen Integrationsprozesses, also dem gemeinsamen Binnenmarkt und dem Abbau der innereuropäischen Grenzkontrollen aufgrund des Schengener Übereinkommens zugleich auch erhebliche Chancen für die grenzüberschreitende OK boten. Diesen unerwünschten Nebeneffekten des zusammenwachsenden Europas wollte die EU entschieden begegnen. Dies war nur durch intensive Zusammenarbeit der Mitgliedsstaaten unter Koordination der EU zu erreichen. Das Fundament dieser Zusammenarbeit sollte ein enger Informationsaustausch über die OK-Lage in den einzelnen Mitgliedsstaaten bilden, welcher schließlich in einem zusammenfassenden Lagebericht der EU zur OK münden sollte. Grundlegende Voraussetzung für die Umsetzung dieses Vorhabens war es, dass die Informationen auf Grundlage eines angeglichenen gemeinsamen OK-Verständnisses erhoben würden. Da zu Beginn der 1990er-Jahre noch zu große Schwierigkeiten darin gesehen wurden, die verschiedenen Erscheinungsformen der OK im Rahmen einer Definition begrifflich zu fassen, einigte man sich im Jahr 1993 zunächst auf elf Einzelmerkmale, welche als Werkzeug für eine einheitliche Erfassung der OK-Lage in den Mitgliedsstaaten dienen sollten. Die Merkmale lauteten:

> Die Zusammenarbeit von mehr als zwei Personen (1.), mit eigenem Aufgabenbereich (2.), während eines längeren oder unbefristeten Zeitraums, bezogen auf die Stabilität und Strukturen der Gruppe (3.), das Anwenden gewisser Disziplin und Kontrolle (4.), das Begehen schwerer Straftaten (5.), durch internationales Vorgehen (6.), mittels Gewalt oder Einschüchterung (7.), unter Einschaltung unternehmensähnlicher oder kommerzieller Strukturen (8.), Beteiligung an Geldwäsche (9.), Einflussnahme auf Politik, Medien, Justiz, Wirtschaft (10.) und das Motiv des Gewinn- und Machtstrebens (11.) (Rat der EU, Dok. 12247/1/94 Rev 1 ENFOPOL 161, Annex C, S. 8).

Auf Grundlage dieser Merkmale wurden in den Jahren 1994 und 1995 erste Lageberichte erstellt. Im Jahr 1997 hat die EU ihr Bemühen im Bereich der OK-Bekämpfung weiter intensiviert. Im Zentrum stand damals der von einer hochrangigen Gruppe erarbeitete und vom Europäischen Rat angenommene „Aktionsplan zur Bekämpfung der organisierten Kriminalität“ (vgl. ABl. Nr. C 251, S. 1 ff.). Dieser Aktionsplan enthielt ebenfalls keine OK-Definition, was vom Europäischen Parlament kritisiert wurde (Vgl. ABl. Nr. C 371, III. Nr. 17, S. 187). Das EU-Parlament forderte den Rat vergeblich auf, zunächst ein gemeinsames Begriffsverständnis über das Vorliegen von OK herzustellen, bevor auf Grundlage des Aktionsplans erste legislative Umsetzungsmaßnahmen ergriffen würden. Die hochrangige Gruppe sah hingegen die Lösung der begrifflichen und rechtlichen OK-Erfassung in der Regelung einer Strafbarkeit der Beteiligung an einer kriminellen Organisation (Empfehlung Nr. 17, ABl. 1997 Nr. C 251/11). Die Umsetzung dieser Empfehlung erfolgte durch den Rat der EU im Jahr 1998 mit der Gemeinsamen Maßnahme betreffend die Strafbarkeit der Beteiligung an einer kriminellen Vereinigung (Gemeinsame Maßnahme des Rates v. 21.12.1998 betreffend die Strafbarkeit der Beteiligung an einer kriminellen Vereinigung (98/733/JI, ABl. EG 1998 L 351 v. 29.12.1998, S. 1). Im Rahmen dieser Gemeinsamen Maßnahme wurde eine allgemeine Definition der kriminellen Vereinigung aufgenommen, welche Parallelen zu dem bereits bekannten OK-Merkmalskatalog aufweist. Nach der Definition ist eine kriminelle Vereinigung:

> „(...) der auf längere Dauer angelegte organisierte Zusammenschluß von mehr als zwei Personen, die in Verabredung handeln, um Straftaten zu begehen, die mit Freiheitsstrafe oder einer freiheitsentziehenden Maßregel der Besserung und Si-

> cherung im Höchstmaß von mindestens vier Jahren oder einer schwereren Strafe bedroht sind, gleichviel, ob diese Straftaten Hauptzweck oder ein Mittel sind, um geldwerte Vorteile zu erlangen und gegebenenfalls die Tätigkeit öffentlicher Stellen in unzulässiger Weise zu beeinflussen."

Im Jahr 2004 ist die EU der UNTOC offiziell beigetreten. Dies hatte zur Folge, dass der im Jahr 2008 von der EU erlassene Rahmenbeschluss zur Bekämpfung der OK in seiner konkreten Ausgestaltung mit der UNTOC *synchronisiert* werden musste. Dieser Rahmenbeschluss knüpft an die Gemeinsame Maßnahme von 1998 an und löst diese letzlich ab. Der Rahmenbeschluss aus dem Jahr 2008 enthielt ebenfalls keine Definition der OK. Vielmehr wollte die EU die OK erneut mit dem Begriff der *kriminellen Vereinigung* und nun zusätzlich auch mit dem bereits aus der UNTOC bekannten Begriff des *organsierten Zusammenschlusses* unionsweit einheitlich erfasst wissen.

Wie lautet das heutige europäische Begriffsverständnis?

Seit dem Jahr 2008 wird in der EU die OK begrifflich über die „kriminelle Vereinigung" erfasst, welche einen organisierten Personenzusammenschluss als zentrales Begriffsmerkmal voraussetzt. In Art. 1 Nr. 1 des EU-Rahmenbeschlusses vom 24.10.2008 zur Bekämpfung der organisierten Kriminalität wird die kriminelle Vereinigung definiert als:

> „einen auf längere Dauer angelegten organisierten Zusammenschluss von mehr als zwei Personen, die, um sich unmittelbar oder mittelbar einen finanziellen oder sonstigen materiellen Vorteil zu verschaffen, in Verabredung handeln, um Straftaten zu begehen, die mit einer Freiheitsstrafe oder einer freiheitsentziehenden Maßregel der Besserung und Sicherung im Höchstmaß von mindestens vier Jahren oder einer schwereren Strafe bedroht sind;".

Das Merkmal des *organisierten Zusammenschlusses* wurde diesmal – anders noch als in der Gemeinsamen Maßnahme von 1998 – selbst in Art. 1 Nr. 2 des Rahmenbeschlusses definiert:

> „‚organisierter Zusammenschluss' einen Zusammenschluss, der nicht zufällig zur unmittelbaren Begehung eines Verbrechens gebildet wird und der auch nicht notwendigerweise förmlich festgelegte Rollen für seine Mitglieder, eine kontinuierliche Mitgliedschaft oder eine ausgeprägte Struktur hat."

Diese beiden Definitionen bestimmen seither das europäische OK-Begriffsverständnis, welches nahezu identisch mit dem OK-Verständnis der VN ist.

Welche Auswirkungen hat das europäische und internationale OK-Begriffsverständnis für Deutschland?

Auch das deutsche Strafgesetzbuch (StGB) kennt in den §§ 129 ff. StGB den Begriff der „Vereinigung“ und in § 129 Abs. 1 StGB die Strafbarkeit der Bildung krimineller Vereinigungen. Der Vereinigungsbegriff war allerdings bis zum Jahr 2017 nicht gesetzlich definiert. Es oblag daher lange Zeit allein der Rechtsprechung des Reichsgerichtes und später des Bundesgerichtshofs, den undefinierten Vereinigungsbegrif im Rahmen der obergerichtlichen Rechtsprechung zu prägen und zu bestimmen. Aufgrund der historischen Ursprünge des Tatbestandes der Bildung krimineller Vereinigungen (§ 129 Abs. 1 StGB), welche im politischen Strafrecht liegen, hatte der Vereinigungsbegriff durch die Rechtsprechung eine eindeutige politische Prägung erhalten. Dieser politische Vereinigungsbegriff war in organisatorischer und subjektiver Hinsicht sehr eng und daher kaum in der Lage, das OK-Phänomen begrifflich zu erfassen. Konträr dazu verlief ab Ende der 1990er-Jahre die internationale und europäische Begriffsentwicklung des Vereinigungsbegriffs. Insbesondere die UNTOC und der EU-Rahmenbeschluss aus dem Jahr 2008 zur Bekämpfung der OK wollten mit dem Begriff der kriminellen Vereinigung ausdrücklich auch die OK erfasst wissen. Da sich die deutsche Rechtsprechung vor dem Hintergrund befürchteter Abgrenzungsschwierigkeiten zum Begriff der Bande nicht in der Lage sah, im Rahmen einer europarechts- bzw. völkerrechtskonformen Auslegung den deutschen Vereinigungsbegriff an die internationalen Vorgaben anzupassen (vgl. insbesondere BGHSt 54, S. 216), wurden die Vorgaben in Deutschland lange Zeit nicht umgesetzt. Dabei war die Bundesrepublik Deutschland aufgrund der eindeutigen internationalen Vorgaben verpflichtet, eine hinreichende OK-Erfassung über den Vereinigungsbegriff zu gewährleisten. Dies sogar in dreifacher Hinsicht: Zum Ersten als Mitgliedstaat der EU und aufgrund der daraus folgenden Bindung an den Rahmenbeschluss aus 2008, zum Zweiten als Vertragsstaat der UNTOC und zum Dritten aufgrund des Beitritts der EG zur UNTOC und der daraus aus Art. 216 Abs. 2 AEUV resultierenden Bindungswirkung für die Mitgliedsstaaten (Sinn 2016, S. 44). Der deutsche Gesetzgeber kannte die internationalen Vorgaben und fehlende Eignung des § 129 StGB in der materiell-rechtlichen OK-Erfassung, sah sich aber dennoch acht Jahre lang nicht veranlasst, tätig zu werden und dies, obwohl von Seiten der Rechtsprechung nicht mehr mit einer Begriffsanpassung zu rechnen war. Vor dem Hintergrund eines drohenden EU-Vertragsverletzungsverfahrens wurde der Gesetzgeber im Jahr 2017 dann doch tätig und hat das Auslegungsproblem des deutschen Vereinigungsbegriffs dadurch gelöst, dass in § 129 Abs. 2 StGB eine gesetzliche Definition der „Vereinigung" aufgenommen wurde. Diese Definition hat in organisatorischer und voluntativer Hinsicht deutlich geringere Anforderungen als der vorherige Vereinigungsbegriff der Rechtsprechung. Hierdurch kann fortan eine begriffliche Erfassung der OK über den Begriff der (kriminellen) Vereinigung entsprechend den internationalen Vorgaben der UN und EU gewährleistet werden. Seither ist in § 129 Abs. 2 StGB eine gesetzliche Definition zur materiell-rechtlichen Erfassung der OK im sprachlichen Gewand einer kriminellen Vereinigung enthalten, welche wie folgt lautet:

> „(2) Eine Vereinigung ist ein auf längere Dauer angelegter, von einer Festlegung von Rollen der Mitglieder, der Kontinuität der Mitgliedschaft und der Ausprägung der Struktur unabhängiger organisierter Zusammenschluss von mehr als zwei Personen zur Verfolgung eines übergeordneten Interesses."

Literaturtipp

Ausführlich zu der Entwicklung des deutschen Vereinigungsbegriffs und dessen Auslegung: Sinn, A.; Iden, M. P.; Pörtner, P., ZIS 2021, S. 435 ff.

Ist die deutsche OK-Definition aus dem Jahr 1990 heute noch zeitgemäß oder gibt es einen definitorischen Anpassungsbedarf im Hinblick auf neuere Entwicklungen im Bereich der OK?

Die derzeitige in der Praxis verwendete deutsche OK-Definition stammt aus dem Jahr 1990 und ist seit über 30 Jahren unverändert geblieben. Es stellt sich daher die Frage, ob diese Definition noch in der Lage ist, neuere Trends und Erscheinungsformen der OK begrifflich zu fassen oder ob die Definition einer Überarbeitung bedarf. Tatsächlich lassen sich im Hinblick auf einige neuere OK-Trends Defizite in der definitorischen Erfassung feststellen, sodass die OK-Definition von 1990 den aktuellen Entwicklungen im Bereich des OK-Phänomens nicht mehr vollumfänglich gerecht wird. Schwierigkeiten in der begrifflichen Erfassung lassen sich insbesondere im Hinblick auf das *Crime-as-a-Service*-Phänomen (CaaS), bei organisierten Kinderpornografie-Netzwerken und Verbindungen zwischen der OK und dem Terrorismus feststellen.

Nach traditionellem Verständnis beruhen die Strukturen der OK auf einem von starren Regeln, Hierarchie und Disziplin durchzogenen System. Mitglieder folgen einem strengen Verhaltenskodex und unterwerfen sich einem Gebot des Schweigens gegenüber Außenstehenden. Die Verbreitung dieser klassisch-hierarchischen Organisationsstruktur ist jedoch in den vergangenen Jahren stark rückläufig. Nach den Erkenntnissen von *Europol* waren im Jahr 2021 etwa 60 % der in der EU aktiven und bekannten OK-Gruppierungen in Form von losen netzwerkartigen Zusammenschlüssen organisiert und nur noch 40 % der Gruppierungen wiesen eine hierarchische Organisationsstruktur auf (Europol 2021a, S. 19 f.). Diese Entwicklung findet ihren Höhepunkt in dem Phänomen des CaaS, bei dem der Kriminelle nur noch als Dienstleister auftritt, der seine spezialisierten Kenntnisse und Fähigkeiten anderen auf Ad-hoc-Basis zur Verfügung stellt (Europol 2021b, S. 17). CaaS ist ein Phänom, welches sich vor allem durch seine Vielschichtigkeit und Komplexität auszeichnet. In definitorischer Hinsicht ist es schwierig, das CaaS-Phänomen mit der OK-Definition zu erfassen. CaaS zeichnet sich regelmäßig durch kurzfristige Arrangements von oftmals allein oder lediglich zu zweit arbeitenden kriminellen Einzelakteuren aus. Die OK-Definition erfordert in zeitlicher und personaler Hinsicht allerdings, dass das Zusammenwirken von mehr als zwei Akteuren auf längere oder unbestimmte Dauer angelegt ist. Kurzfristig angelegte Kleinzusammenschlüsse in Form des CaaS werden begrifflich ausgeklammert.

In voluntativer Hinsicht fordert die OK-Definition 1990, dass die kriminellen Aktivitäten der OK durch „Gewinn- oder Machstreben“ motiviert sind. Neuere Erkenntnisse aus der Ermittlungspraxis zeigen allerdings, dass sich insbesondere auch in Kinderpornografie-Netzwerken hoch organisierte Strukturen vorfinden lassen (Europol 2021a, S. 42). In diesen Netzwerken sind z.B. klare Hierarchien und Regelwerke, das Vorhalten von Sanktionssystemen bei Fehlverhalten einzelner Mitglieder sowie eine plattformübergreifende Tätigkeit der Haupttäter keine Seltenheit. Subjektives Ziel dieser Netzwerkzusammenschlüsse ist aber *nicht das Streben nach finanziellen Gewinnen* oder Macht, sondern vielmehr allein das Streben nach Zugang zu (noch mehr) kinderpornographischem Material und damit letzlich die *Befriedigung der eigenen sexuellen Bedürfnisse* (vgl. auch BT-Drs. 20/3333, S. 7). Eine solches Verlangen wird jedoch von der OK-Definition 1990 nicht erfasst. Es sollte grundsätzlich darüber nachgedacht werden, ob Kinderpornografie-Netzwerke nicht auch OK sein können und daher begrifflich von einer OK-Definition erfasst werden sollten, indem von den starren Kriterien des Gewinn- und Machtstrebens abgerückt wird.

Des Weiteren gibt es seit Jahren Hinweise und Belege dafür, dass durchaus relevante Verbindungen zwischen den Kriminalitätsphänomenen der OK und des Terrorismus bestehen (Sinn 2016, S. 6f.; Annoni 2017, S. 121; Europol 2017, S. 55). So beteiligt sich die OK beispielsweise an der Finanzierung von terroristischen Aktivitäten. Damit haben sich weitestgehend unbemerkt *hybride Gruppierungen* entwickelt. Diese Gruppierungen lassen sich nicht mehr eindeutig in das alte Schema OK oder Terrorismus einordnen (Sinn 2016, S. 6). Die OK Definition von 1990 sieht hingegen einen ausdrücklichen definitorischen Ausschluss der Straftaten des Terrorismus vor. Dieser Ausschluss hat zur Konsequenz, dass bestehende Beziehungen zwischen der OK und dem Terrorismus nicht erkannt und aufgearbeitet werden. Deshalb sollte hier ebenfalls über eine definitorische Anpassung nachgedacht werden.

Insgesamt lässt sich damit feststellen, dass die OK-Definition aus dem Jahre 1990 in die Jahre gekommen ist und einer Anpassung bedarf, wenn diese auch in Zukunft in der Lage sein soll, neuere Entwicklungen im Bereich der OK definitorisch zu erfassen.

Abschnitt 2: Geschichte der OK | Patrick Pörtner

Die Ursprünge der OK gehen weit zurück. Historische Beispiele gibt es weltweit. Besonderes Augenmerk gilt der italienischen OK – in Form der Mafia – und der Entwicklung des „organized crime“ in den USA, da diese erheblichen Einfluss auf die deutsche OK-Geschichte genommen haben. Die OK-Ursprünge in Deutschland sind hingegen jüngerer Natur.

Wo liegen die Ursprünge des OK-Phänomens?

Die OK ist kein Spezifikum der Neuzeit, sondern vielmehr ein historisch und geographisch weit verbreitetes Phänomen (Schneider 2008, S. 439). Es gibt allerdings nicht den einen eindeutigen spezifischen Ursprung für die Entstehung dieses Kriminalitätsphänomens. Vielmehr haben sich im Laufe der Geschichte in den verschiedenen Regionen der Welt unterschiedliche Varietäten von OK entwickelt. Ein Teil dieser unterschiedlichen historischen OK-Varietäten wird im Rahmen der nächsten Fragen näher in den Blick genommen.

Welche weltweiten regionalen und geschichtlichen Varietäten der OK gibt es?

Im historischen Überblick existieren weltweit zahlreiche lokale und individuelle Erscheinungsformen von OK. In einer Vielzahl von Ländern dieser Welt gibt es seit Jahrhunderten strukturierte, vom Staatswesen losgelöst agierende und sich kriminellen Zielen zuwendende Personenzusammenschlüsse (Schneider 2008, S. 439). Einige dieser historischen Erscheinungsformen weisen Verbindungen und Parallelen zueinander auf. Oftmals haben sich die OK-Varietäten aber auch losgelöst voneinander entwickelt. Schlagworte wie die *italienische Mafia*, die *Russenmafia*, die *chinesischen Triaden*, die *japanische Yakuza* oder die *südamerikanischen Kartelle* sind durchaus einer breiten Öffentlichkeit bekannt und stehen exemplarisch für die diversen weltweiten Entwicklungen organisierter krimineller Gruppierungen. Dabei handelt es sich bei der OK grundsätzlich um ein internationales Phänomen, welches regelmäßig nicht an Ländergrenzen halt macht.

Literaturtipp

Ausführlich zu den historischen OK-Entwicklungen: Fijnaut 2014, S. 53–95.

Welche OK-Entwicklungen gibt es in Asien?

Die historischen Entwicklungen der OK im asiatischen Raum werden insbesondere von den Triaden in China sowie den japanischen Yakuza dominiert.

Der Name *Triaden* ist angelehnt an die geometrische Figur des Dreiecks als Symbol der Beziehung des chinesischen Kosmos, bestehend aus Himmel, Erde und Mensch (Schwind/Schwind 2021, S. 905). Die Wurzeln der chinesischen Triaden lassen sich bis in die Zeit der Han-Dynastie (206 v. Chr. bis 220 n. Chr.) zurückverfolgen (Schwind/Schwind 2021, S. 905). Als Geheimbünde leisteten die Triaden insbesondere vom 17. bis Ende des 19. Jahrhunderts Widerstand gegen verschiedene Besatzer (Schneider 2008, S. 439). Ähnlich der sizilianischen Mafia (→ S. 49 f.) handelte es sich bei den Triaden zunächst um eine Art Schutzorganisation unterpriviligierter Menschen, welche sich für soziale Gerechtigkeit einsetzten und gegen die Willkür und Korruption unterdrückerischer Regierungen kämpften (Schwind/Schwind 2021, S. 905). Anfang des 20. Jahrhunderts, nach der Abdankung des letzten Kaisers, entwickelten sich die Triaden zunächst orientierungslos zu kriminellen Organisationen (Schneider 2008, S. 439; Schwind/Schwind 2021, S. 905). Seither sind die Triaden insbesondere in den Bereichen der Schutzgelderpressung, illegalem Glücksspiel, Prostitution sowie Drogenhandel aktiv (Schwind/Schwind 2021, S. 905).

Ebenfalls einen historischen Wandel durchlebten die japanische *Yakuza*, deren Ursprünge sich bis in das 16. Jahrhundert zurückverfolgen lassen (Schneider 2008, S. 439). Auch die Yakuza waren zunächst in Form einer Bürgerwehr gegen herumziehende Räuber aktiv, bis das Betätigungsfeld im 18. Jahrhundert zunehmend durch den Betrieb von Spielhallen erweitert wurde (Schneider 2008, S. 439). Eng mit diesem Betätigungsfeld ist auch der Name Yakuza („Spieler") verknüpft, welcher auf ein beliebtes japanisches Kartenspiel zurückzuführen ist. Im Laufe der Zeit kamen neben dem Glücksspiel noch weitere illegale Betätigungsfelder hinzu und die Yakuza entwickelten sich zunehmend zu einer strikt hierarchisch organisierten kriminellen Gruppierung. Inzwischen umfasst der Einflussbereich der Yakuza fast alle Länder Südostasiens und die kriminellen Aktivitäten reichen mittlerweile vom illegalen Glücksspiel über Drogen- und Waffenhandel hin bis zu Menschenhandel und Prostitution (Schwind/Schwind 2021, S. 907).

Was ist die Italienische Mafia?

Die historischen Wurzeln der OK in Europa finden sich auf Sizilien im heutigen Italien. Die italienische Mafia gilt weltweit oftmals als der Archetyp der OK. Dabei ist es inkorrekt, den Begriff der Mafia und den der OK synonym zu verwenden. Bei den italienischen Mafia-Gruppierungen handelt es sich vielmehr um bestimmte Erscheinungsformen von OK.

Die exakte Herkunft des Wortes *Mafia* ist bis heute ungeklärt (Hess 1993, S. 1). Die erste Überlieferung des Begriffes stammt aus dem Jahr 1658 (Palumbo 2023, S. 45). Ursprünglich wurde mit dem Begriff Mafia nur die originäre sizilianische Mafia-Organisation bezeichnet (Palumbo 2023, S. 45). Heute werden unter dem Begriff üblicherweise vier durchaus prominente regionale Varietäten von italienischen Mafia-Gruppierungen zusammengefasst: Die sizilianische *Cosa Nostra*, die neapolitanische *Camorra*, die *Sacra Corona Unita* in Apulien sowie die *'Ndrangheta* in Kalabrien (Palumbo 2023, S. 45). Jede dieser Gruppierung hat wiederum eine eigene Geschichte (hierzu näher Palumbo 2023, S. 46ff.). Vergleichbar mit den asiatischen OK-Entwicklungen liegen auch die Ursprünge der sizilianischen Mafia in der Gründung einer Schutzmacht der ländlichen Bevölkerung (siehe näher hierzu die nächste Frage), welche sich im historischen Verlauf zu einer kriminellen Organisation entwickelte. Insbesondere ab den 1960er-Jahren dehnten die Mafia-Organisationen ihre Geschäfte in dem Streben nach Geld und Einfluss zunehmend in den Bereichen des Rauschgifthandels und der Prostitution aus. Die Mafia-Gruppierungen haben im Laufe ihrer Geschichte eine tiefe Verbindung zur italienischen Gesellschaft entwickelt, indem sie sich in politische, wirtschaftliche und soziale Strukturen eingebettet haben (Palumbo 2023, S. 12f.). Dies hat dazu geführt, dass die Mafia-Gruppierungen in einigen Teilen Italiens eine gewisse Akzeptanz und Unterstützung genießen. Seit den 1980er-Jahren werden diese kriminellen Vereinigungen jedoch zunehmend effektiv mit staatlichen Mitteln verfolgt. So wurde beispielweise unter der Leitung des Untersuchungsrichters *Giovanni Falcone* Anfang der 1980er-Jahre in Palermo eine Sonderkommission zur Bekämpfung der Mafia eingerichtet. Erste Früchte trug diese Kommission im Jahre 1984, als rund 350 Mafia-Mitglieder in dem von *Falcone* geleiteten „Maxi-Prozess" zu langjährigen Haftstrafen verurteilt werden konnten. Am 23. Mai 1992 wurde Falcone bei einem Sprengstoffattentat nahe Palermo ermordet, vermutlich wegen seiner intensiven Bemühungen im Rahmen der Verfolgung der Mafia (Schwind/Schwind 2021, S. 898). Der Tod Falcones hatte eine weitere Intensivierung der Mafia-Bekämpfung in Italien zur Konsequenz, welche seither auch mehrheitlich von der italienischen Gesellschaft mitgetragen wird. Dies hat in der Vergangenheit zu einigen Erfolgen geführt, aber die Mafia bleibt immer noch eine mächtige und gefährliche kriminelle Organisation, welche nach wie vor in wie auch außerhalb Italiens in diversen Kriminalitätsfeldern aktiv ist.

Was war der Grund für die Entstehung der Mafia?

Die historischen Ursprünge der sizilianischen Mafia gehen auf eine Gruppierung zurück, welche von den örtlichen Landbesitzern gegründet wurde, um ihr Eigentum zu schützen (Fijnaut 2014, S. 68; Kerner 1993, S. 220). Die Ursache für die Entstehung dieser Gruppierung wird heute mehrheitlich auf das zu dieser Zeit herrschende politische Machtvakuum zurückgeführt, welches aufgrund der häufig wechselnden Fremdherrschaft auf Sizilien entstanden ist (Fijnaut 2014, S. 68). Dieses Machtvakuum verhinderte die Etablierung eines funktionstüchtigen Staatsapparats, welcher in der Lage gewesen wäre, die öffentliche Ordnung zu gewährleisten, sodass sich die Landbevölkerung in Form einer Selbsthilfeorganisation organisierte (Schwind/Schwind 2021, S. 896 f.). Einige Lokalmatadore (die *Mafiosi*), welche sich selbst als Ehrenmänner empfanden, nutzten diese Situation und füllten das bestehende politische Vakuum aus, indem sie eine eigene Ordnung herstellten (Schwind/Schwind 2021, S. 897). Später diente diese Selbsthilfeorganisation auch dem Widerstand gegen die feudalen Herrschaftsansprüche, welche vom italienischen Mutterland ausgingen (Kerner 1993, S. 220). Die Aktivitäten dieser Gruppierung bezogen sich im weiteren historischen Verlauf sodann auch auf die Vertreibung von Wettbewerbern auf dem Gemüse- und Viehmarkt. Später kamen daneben noch Diebstähle, Raubtaten, Geld- und Wasserwucher sowie Tributzahlungen für Sicherheitsgarantien hinzu, sodass sich der Zusammenschluss zunehmend zu einer kriminellen Organisation entwickelte (vgl. Schwind/Schwind 2021, S. 897 f.).

Was kennzeichnet die italienischen Mafia-Gruppierungen?

Welches die Merkmale sind, die sämtliche Mafia-Vereinigungen typischerweise kennzeichnen, hat der italienische Gesetzgeber selbst festgelegt, indem er diese Merkmale im italienischen Strafgesetzbuch rechtlich kodifiziert hat. Seit 1982 bestimmt Art. 416bis *Codice penale* (c.p.) was eine mafiaartige Vereinigung ausmacht und welcher Mittel sich eine solche bedient. Wörtlich heißt es dort:

> „Die Vereinigung ist mafiaartig, wenn ihre Mitglieder sich der einschüchternden Macht der Bindung an die Vereinigung und der daraus folgenden Bedingung der Unterwerfung und der Schweigepflicht bedienen, um Verbrechen zu begehen, damit sie mittelbar oder unmittelbar die Leitung oder sonst wie die Kontrolle über wirtschaftliche Tätigkeiten, Konzessionen, Ermächtigungen, öffentliche Vergaben und Dienste erlangen oder für sich oder andere ungerechtfertigte Erträge oder Vorteile erzielen, oder damit sie bei Wahlen die freie Ausübung des Stimmrechts verhindern oder behindern oder für sich oder andere Stimmen verschaffen."

Wo liegen die Ursprünge des amerikanischen *organized crime*?

Neben Italien gelten bis heute in erster Linie die Vereinigten Staaten von Amerika (USA) als klassisches Land der OK (Schneider 2008, S. 440). Schließlich stammt aus den USA auch der Begriff des *organized crime* und wurde dort entscheidend geprägt (hierzu → S. 21 f.). Die geschichtlichen Ursprünge des amerikanischen *organized crime* gehen auf das späte 19. Jahrhundert zurück. Die organisierten kriminellen Strukturen brachten vor allem europäische Auswanderer sizilianischer Herkunft, unter denen sich auch Mafiosi befanden, in die Vereinigten

Staaten (Schneider 2008, S. 440; Schwind/Schwind 2021, S. 901 f.). Die hohe Zahl an Einwanderern hatte ein großes Bevölkerungswachstum insbesondere von Städten wie Chicago und New York City zur Folge. Eine geordnete und geregelte Stadtentwicklung und gesellschaftliche Integration der Neuankömmlinge konnten in dieser Zeit kaum erfolgen. Dieses subkulturelle Klima begünstigte die Bildung von sogenannten *Little Italies* (abgeschottete Wohngebiete), in welchen die Einwohner die Sprache und Kultur ihres Heimatlandes beibehielten (Schwind/Schwind 2021, S. 902). Aufgrund dieser Situation entwickelten sich kriminelle Strukturen, welche sich schließlich später in der Bildung von Gangs manifestierte (Fijnaut 2014, S. 70 ff.).

Wie hat sich das *organized crime* in den USA entwickelt?

Die kriminellen Aktivitäten dieser Gangs (→ vorherige Frage) beschränkten sich zunächst noch hauptsächlich auf ihre Wohnviertel (Schwind/Schwind 2021, S. 902). Den landesweiten Aufstieg zu großen Mafia-Syndikaten wie dem amerikanischen Ableger der *Cosa Nostra* ermöglichte sodann erst die Prohibition (→ nächste Frage).

Die Prohibition hat den kriminellen Zusammenschlüssen einen riesigen illegalen Markt eröffnet, womit die Chance verknüpft war, ihren Machtbereich erheblich auszuweiten. Chicago entwickelte sich in dieser Zeit zu einer regelrechten Gangstermetropole und große Namen wie *Al(phonse) Capone* kontrollierten große Teile des illegalen Alkoholmarktes (Schwind/Schwind 2021, S. 902). Um Marktanteile des Alkoholmarktes wurde auch im Rahmen von gewalttätigen Auseinandersetzungen rivalisierender Gangs gerungen, was sich beispielsweise in den damaligen *Bierkriegen* offenbarte. Mit der Aufhebung der Prohibition im Jahre 1933 trocknete der illegale Alkoholmarkt allmählich aus, sodass sich dieses Tätigkeitsfeld bald nicht mehr finanziell lohnte. Die kriminellen Aktivitäten der organisierten Gruppierungen verlagerten sich vor diesem Hintergrund zunehmend auf andere Geschäftsbereiche wie das illegale Glücksspiel, welches oft mit Wuchergeschäften verbunden wurde, der Prostitution sowie dem Rauschgifthandel (Kerner 1993, S. 227 f.). Hierbei handelt es sich um jene Geschäftsbereiche, welche heute noch in den USA vorwiegend von OK-Gruppierungen bedient werden.

Literaturtipp

Zur Entwicklung der italienisch-amerikanischen Mafia: Albanese 2014, S. 142–158.

Was ist die Prohibition und welche Auswirkungen hatte diese für das *organized crime* in den USA?

Die Prohibition war eine Periode in der Geschichte der USA von 1920 bis 1933, in welcher der Verkauf, die Herstellung, der Transport und der Import von alkoholischen Getränken verboten waren. Das landesweite totale Alkoholverbot war das Resultat der Prohibitionsbewegung, die von verschiedenen Gruppen unterstützt wurde, welche übereinstimmend glaubten, dass der Alkoholkonsum maßgeblich für negative gesellschaftliche Auswirkungen wie Kriminalität, Armut und familiäre Probleme verantwortlich sei.

Die Prohibition hatte allerdings auch drastische unerwünschte Nebenfolgen, insbesondere für die Entwicklung der OK in den USA. Das Verbot schuf einen gigantischen Markt für illegalen Alkohol und kriminelle Organisationen wie Mafia-Gruppen und Banden begannen, illegalen Alkohol zu produzieren und zu vertreiben und erwirtschafteten hierdurch enorme Profite (Schwind/Schwind 2021, S. 902). Sie nutzten diese einmalige günstige Gelegenheit, um ihre Macht und ihren Einfluss auf die Gesellschaft zu erweitern und kontrollierten bald illegale Alkoholgeschäfte, Schmuggelrouten und andere illegale Aktivitäten. Durch die Kontrolle des illegalen Alkoholmarktes und anderer krimineller Aktivitäten konnten die OK-Gruppierungen enorme Summen an Geld verdienen, die sie in ihre Organisationen investierten und ihre Macht weiter ausbauten. Das organisierte Verbrechen wuchs in dieser Zeit zu einer der mächtigsten und einflussreichsten Kräfte in der amerikanischen Gesellschaft heran. Es gibt daher kaum ein anderes Ereignis in der amerikanischen Geschichte, welches die Entstehung von einflussreichen OK-Gruppierungen mehr gefördert hat, als die Prohibition (Albanese 2014, S. 143).

Literaturtipp

Zum Einfluss der Prohibition auf die Entwicklung des amerikanischen *organized crime* vgl. Fijnaut 2014, S. 72 ff., Albanese 2014, S. 143 ff.

Wie wurde dem *organized crime* in den USA auf politischer Ebene begegnet?

In den 1950er- und 1960er-Jahren setzte sich in den USA zunehmend die Vorstellung von einer das organisierte Verbrechen kontrollierenden Mafia in der öffentlichen Wahrnehmung durch (Woodiwiss 2003, S. 18). Insbesondere in den 1960er-Jahren rückte die Bedrohung der amerikanischen Zivilgesellschaft durch die Aktivitäten der amerikanischen *Cosa Nostra* zunehmend auf die innenpolitische Agenda. Von mehreren Regierungen wurden eigenständige Kommissionen eingesetzt, welche die Bedrohungslage der amerikanischen Mafia-Syndikate untersuchen sollten (z.B. die von Präsident *Lyndon B. Johnson* eingesetzte *Commission on Law Enforcement and the Administration of Justice* oder die auf die Initiative von Präsident *Ronald Reagan* zurückgehende *President's Commission on Organized Crime*). Die politischen Untersuchungen stimmten weitgehend darin überein, dass das organized crime ausschließlich hierarchisch organisierte kriminelle Verschwörungen nach dem Archetyp der italienischen Mafia-Gruppierungen umfasse. Vordringlich zur Bekämpfung dieser italoamerikanischen Mafia-Syndikate wurde im Jahr 1970 der „Racketteer Influenced and Corrupt Organization Act" (kurz RICO-Act) erlassen. Der RICO-Act ist ein amerikanisches Bundesgesetz, welches es den Behörden erleichtert, Mitglieder von kriminellen Organisationen zu verfolgen und zu verurteilen. Es ermöglicht auch die Beschlagnahmung von Vermögenswerten, die durch kriminelle Aktivitäten erworben wurden. RICO ermöglicht darüberhinaus auch, zivilrechtlich Ansprüche für geschädigte Dritte durchzusetzen (Witte 1998, S. 21). Bis heute ist der RICO-Act eines der zentralen rechtlichen Instrumente zur Verfolgung der OK. Auf RICO folgten sodann aber noch zahlreiche weitere gesetzliche Initiativen zur Verbesserung der OK-Bekämpfung. Zu nennen sind hier beispielsweise der „Comprehensive Drug Abuse Prevention and Control Act“ (CDAPCA), ein Bundesgesetz ebenfalls aus dem Jahr 1970, welches den Handel mit illegalen Drogen bekämpfen soll. Im Jahr 1986 wurde der „Money Laundering Control Act“ (MLCA) erlassen. Ein weiteres Bundesgesetz, welches Geldwäscheaktivitäten unter Strafe stellt. Ebenfalls aus dem Jahr 1986 stammt der „Computer Fraud and Abuse Act“ (CFAA). Dieses Bundesgesetz bestraft Personen, die Computer oder Netzwerke nutzen, um Straftaten zu begehen, wie z.B. den Diebstahl von geistigem Eigentum oder die Verbreitung von Malware. Diese und andere Gesetze auf Bundes- und Landesebene geben den amerikanischen Strafverfolgungsbehörden Instrumente an die Hand, um gegen die OK vorzugehen. Die Gesetze sehen Strafen für verschiedene Aktivitäten wie Korruption, Erpressung, Betrug, Drogenhandel, Menschenhandel, Geldwäsche und andere Formen der OK vor.

Literaturtipp

Umfassend zum RICO-ACT und dessen Bedeutung auch für deutsche Unternehmen siehe: Witte 1998, S. 21 ff.

Wo liegen die Ursprünge der OK in Deutschland?

Im Vergleich zu den Entwicklungen im asiatischen Raum, Italien und den USA ist die deutsche OK-Geschichte noch jung. Sieht man von den ersten Räuberbanden ab, welche sich bis in das 16. Jahrhundert zurückverfolgen lassen, treten auf dem heutigen Gebiet der Bundesrepublik erst an der Schwelle zum 20. Jahrhundert Erscheinungsformen auf, welche retroperspektiv mit OK in Verbindung gebracht werden (Kinzig 2004, 48). Insbesondere die sogenannten *Ringvereine* werden in der Kriminologie oftmals als eine der ersten relevanten deutschen OK-Erscheinungsformen bezeichnet (Schneider 2008, S. 440; Kinzig 2004, S. 49 f.). Zu ihnen gehörten vor allem Zuhälter- oder Ganovenvereine, welche eine stabile Organisation mit festen Regeln und Zielen aufwiesen (Kinzig 2004, S. 49). Diese Vereine wurden jedoch im Jahr 1933 von den Nationalsozialisten verboten und aufgelöst. Auch nach dem zweiten Weltkrieg war das OK-Phänomen in

Deutschland von geringer Relevanz. Erst ab Ende der 1960er-Jahre wurde die OK auch in Deutschland zunehmend zu einem relevanten Thema als vorwiegend in Polizeikreisen über die Übertragung des amerikanischen Konzeptes des *organized crime* auf die Bundesrepublik nachgedacht wurde. Ihren vorläufigen Höhepunkt erreichte die deutsche OK-Debatte Anfang der 1990er-Jahre, als organisierte kriminelle Gruppen, welche insbesondere im Bereich des Handels von illegalen Betäubungsmitteln in den Fokus der deutschen Innen- und Sicherheitspolitik gerieten. Diese Debatte mündete im Jahr 1992 in die Verabschiedung des Gesetzes zur Bekämpfung des illegalen Rauschgifthandels und anderer Erscheinungsformen der Organisierten Kriminalität (OrgKG). Seither ist die OK-Thematik ein fester Bestandteil der innen- und sicherheitspolitischen Debatte.

Literaturtipp

Vertiefend zur Historischen Entwicklung der OK in Deutschland vgl. Kinzig 2004, S. 46 ff.

Was können wir aus der historischen Entwicklung der OK lernen?

Die historische Aufarbeitung des OK-Phänomens zeigt, dass OK viele Gesichter hat. Regelmäßig gibt es mehr als eine Ursache für die Entstehung und Etablierung von organisierten kriminellen Strukturen. Die konkreten Erscheinungsformen der OK werden in hohem Maße durch regionale Besonderheiten und geschichtliche Entwicklungen geprägt (Bögel 1994, S. 15). Trotz aller Unterschiede lassen sich im Rahmen der historischen Aufarbeitung jedoch einige wiederkehrende Parallelen feststellen. Oftmals bildeten bestehende gesellschaftliche und soziale Unsicherheiten, gepaart mit vorhandenen hochprofitablen illegalen Märkten sowie ein schwacher Staat mit ineffektiven gesetzlichen und tatsächlichen Kontrollmöglichkeiten den Nährboden für die weltweite Entstehung, Etablierung und Ausbreitung von OK-Strukturen.

Abschnitt 3: Theorien und Modelle zur OK | Lars Bojen

Theorien und Modelle helfen dabei, die OK zu verstehen, beispielsweise im Hinblick auf Ursachen, Struktur und Kultur. Aktivitäten der OK werden durch verschiedene Einflussfaktoren begünstigt oder entstehen dadurch erst. Das Internet stellt etwa die Infrastruktur für Organisierte Cyber-Kriminalität. Die Anpassungsfähigkeit erfordert daher eine fortlaufende Evaluierung der vorhandenen Modelle und Theorien, um das Verständnis der Aktivitäten für Präventionsmaßnahmen nutzbar machen zu können.

Warum spielen Theorien und Modelle eine besondere Rolle bei der Erfassung OK?

Die Erfassung von kriminellen Verhaltensweisen mittels Theorien und Modellen hat ihren Ursprung in der Kriminologie. Die *Kriminologie* befasst sich ihrem Wortursprung nach mit der Lehre vom Verbrechen, während die *Kriminalistik* im engeren Sinne neben der Kriminaltechnik die Kriminaltaktik und -strategie einbezieht (Bock 2008, S. 10). Die wissenschaftliche Auseinandersetzung mit der Lehre vom Verbrechen – so wie sie heute im Rahmen von Kriminologievorlesungen an Hochschulen gelehrt wird – setzt sich zum Ziel, mittels Erklärungsansätzen die Ursachen und Erscheinungsformen von kriminellen Verhaltensweisen, nach dem formellen Kriminalitätsbegriff also Handlungen mit strafechtlichen Rechtsfolgen, zu untersuchen und Bekämpfungsansätze zu entwickeln (Schwind/Schwind 2021, S. 4, 11f., 14; Bock 2008, S. 3). Die ersten Ursprünge der Kriminologie als Wissenschaft reichen zurück bis in das 19. Jahrhundert. Kriminalitätstheorien als solche hielten erstmals im 20. Jahrhundert Einzug in die Kriminologie und vereinen in sich nunmehr unterschiedliche Ansätze der Auseinandersetzung mit der Ursachenforschung von Kriminalität (Schwind/Schwind 2021, S. 157). Als Bezugswissenschaften der Kriminologie gelten heute die Soziologie, Psychatrie, Psychologie und die Ethologie.

Grundsätzlich wird in der Kriminologie zwischen täterorientierten und opferorientierten Kriminalitätstheorien unterschieden, wobei auch weitere, ergänzende Ansätze existieren, die nicht eindeutig der einen oder anderen Gruppe zuzuordnen sind (Schwind/Schwind 2021, S. 157). Die *täterorientierten* Kriminalitätstheorien beschäftigen sich aus unterschiedlichen Perspektiven mit der Verhaltensforschung in Bezug auf den Täter. Dies vordringlich unter psychologischen und soziologischen Einflüssen auf die Verhaltensentwicklung. Unter letztere fallen vor allem auch ungünstige kulturelle (ökologischer Ansatz der Chicago-Schule) Umstände, die möglicherweise eine Straftatbegehung begünstigen (Thrasher/Shaw 1927). Nicht zuletzt zählt der sogenannte *rational choice approach* (Sessar 1997; Fetchenhauer 1999) ebenfalls zu den täterorientierten Theorien, nach welchem die Entscheidung für oder gegen die Straftatbegehung immer das Produkt einer Kosten-Nutzen-Analyse sei (hierzu → S. 60). Die *opferorientierten* Theorien gehen hingegen davon aus, dass bestimmte Opferkonstellationen das Viktimisierungsrisiko erhöhen (Schwind/Schwind 2021, S. 227). Im Rahmen der *routine activity theory* (insbesondere Cohen/Felson 1979) steht beispielsweise im Vordergrund der Entscheidung zur Tatbegehung, ob im Hinblick auf ein geeignetes bzw. attraktives Opfer geringe Schutzmechanismen vorhanden sind (Cohen/Felson 1979, S. 588).

Die Erfassung Organisierter Kriminalität durch derartige Theorien und Modelle dient in erster Linie dazu, die Modi Operandi, also schematisch die Art und Weise der Straftatbegehung, herauszufiltern, mithin das Wesentliche eines Phänomens zu erfassen, um es besser zu verstehen (UNODC University Module Series Organized Crime 2018, Module 7). Die schematische Herangehensweise ist dabei überwiegend theoretischer Natur und hat nicht den Anspruch, in jedem Fall der Straftatbegehung zuzutreffen. Immer wieder stellt man fest, dass OK neue Strategien entwickelt, sich veränderten Umständen anpasst und alte Modi Operandi aufgibt. Dies bedeutet aber nicht, dass sich scheinbar *neue*, veränderte OK-Aktivitäten nicht mit – möglicherweise anderen – Theorien der Ursachenforschung erklären ließen (z.B. Cyber-Kriminalität, → nächste Frage). Nicht selten lassen sich auch unter Anwendung mehrerer Theorien und Modelle Ursachen von OK herleiten.

Sind die klassischen Theorien der Ursachenforschung anwendbar auf die OK?

Die skizzierten täter- bzw. opferorientierten Theorien in ihren unterschiedlichen Ausprägungen erfassen die OK nicht ganzheitlich, sie können aber sinnvollerweise als Erklärungsansätze für die Ursachenforschung organisierter krimineller Gruppierungen herangezogen werden. Insbesondere der oben genannte *rational choice approach* und die *routine activity theory* liefern in ihrem Zusammenspiel Erklärungsansätze für die Ursachen von OK. Beiden Theorien wird nach heutigem Verständnis nachgesagt, das „theoretische Fundament situationsbezogener Kriminalprävention“ (Neubacher 2011, S. 207; zur Kriminalprävention → S. 168f. und S. 180ff.), also der Vorbeugung gegen die Begehung von

Straftaten, zu bilden. Einhellig – auch nach der Arbeitsdefinition OK 1990 – setzt OK die Verwendung gewerblicher oder geschäftsähnlicher Strukturen (dazu auch → S. 27 ff.) voraus. Unter Verwendung dieser Strukturen ist mit OK oft eine Betätigung auf illegalen Märkten verbunden (Sinn 2018, S. 137). Die Kosten-Nutzen-Analyse im Vorfeld der Entstehung und während der Aktivitäten einer OK-Gruppierung spielt daher fast immer eine entscheidende Rolle. Auf Nutzenseite steht zum einen die Gewinnmaximierung, zum anderen beispielsweise aber auch der strategische Aufbau von den – i.S.d. Arbeitsdefinition – genannten geschäftsähnlichen Strukturen. Auf Kostenseite wird in die Analyse dagegen hauptsächlich das Entdeckungsrisiko und die Verurteilungswahrscheinlichkeit einbezogen (vgl. Sinn 2018, S. 64). Um den opferorientierten *Routine-activity*-Ansatz ergänzt, ist im Rahmen von OK ebenfalls festzustellen, dass die OK gewisse Opferkonstellationen für ihre Aktivitäten nutzen. Beispielsweise sind im Bereich der Cyber-Kriminalität (z.B. Cyber-Angriffe durch *Ransomware* (zu Organisierter Cyber-Kriminalität → S. 66 f.) einige Unternehmen durch entsprechend aufwendige und kostenintensive Sicherheitsarchitekturen besser geschützt als solche, die in diese Architekturen nicht investieren. Bei diesen besteht daher schon opferbedingt ein deutlich höheres Risiko für einen Angriff. Hinzu kommt, dass sich das Risiko weiter erhöht je nach Branche, in der ein Unternehmen tätig ist. Im Sinne der situationsbedingten Kriminalprävention werden daher z.B. für bestimmte Branchen weitreichende Sorgfaltspflichten im Rahmen des Anwendungsbereiches des Geldwäschegesetzes (GwG) beschrieben. Dies dient nicht zuletzt dazu, Gewinne der OK aufzuspüren, das Entdeckungsrisiko zu erhöhen und schließlich den „Nutzen" der kriminellen Netzwerke spürbar zu reduzieren.

Diese Schnittmengen zwischen klassischen Theorien und OK sollen aber nicht darüber hinwegtäuschen, dass eine vollständige Anwendung der genannten Theorien zur Abbildung von OK nicht möglich ist, da neben rationalen, wirtschaftlichen Entscheidungen der Akteure immer wieder nicht rationale, nicht kalkulierbare und kurzfristige Entscheidungen zur unmittelbaren Bedürfnisbefriedigung der Täter handlungsleitend bzw. -beeinflussend sind (Wehinger 2011, S. 96; Sinn 2018, S. 63).

Gibt es ein einheitliches Strukturmodell für alle Phänomenbereiche der OK?

Ein einheitliches Strukturmodell, das alle Phänomenbereiche und Hierarchien der OK abbildet, existiert derzeit nicht. Dabei ist das Bedürfnis an der Erforschung krimineller Strukturen im Zusammenhang mit OK keine Neuheit und wird in der Strafverfolgungspraxis bereits seit den 1970er-Jahren thematisiert (Gemmer 1974, S. 532; Scherschneva-Koller 2014, S. 45). Die Gründe dafür liegen zum einen in den unterschiedlichen Vorstellungen über die Wesensmerkmale von OK. Dies insbesondere vor dem Hintergrund, dass die Herangehensweise der Auseinandersetzung mit OK je nach Perspektive (Politik, Wissenschaft, Strafverfolgung, Öffentlichkeit) stark divergiert und eine interdisziplinäre Verknüpfung von Ergebnissen der Strukturforschung bisher nicht stattgefunden hat (Sinn 2018, S. 5). Dieser Umstand erschwert die Verständigung auf einen Konsens zur einheitlichen Erfassung mittels eines Modells zusätzlich. Während beispielsweise die Politik ihre Prioritäten an der aktuellen Gefährdungslage und aktuellen Kriminalitätsphänomenen orientiert, steht bei Maßnahmen der Strafverfolgung stets der zügige Abschluss eines Strafverfahrens und die anschließende punktuelle Erfassung von einzelnen Kriminalitätsphänomenen im Vordergrund, ohne eine aufwendigere, detaillierte Einordnung in den Gesamtkontext von OK vorzunehmen (zur detaillierteren Auseinandersetzung → S. 73 ff. und S. 181). Darüber hinaus unterscheiden sich die Erscheinungsformen im internationalen Kontext, insbesondere außerhalb von Europa, stark von rein nationalen Erscheinungsformen. Da die OK zudem großen Wert auf die Verdeckung ihrer Strukturen legt und diese untereinander ebenfalls variieren, sind abschließende und verbindliche Erkenntnisse über die Arbeitsweisen und handelnden Personen nur schwer zu gewinnen (Schneider 2008, S. 443). Hinzu kommt, dass – bisher – eine wissenschaftliche Untersuchung des Gesamtspektrums noch nicht erfolgt ist, und es somit noch nicht gelungen ist, die Entwicklung des Phänomens der OK nachzuzeichnen (Sinn 2016, S. 11; Zum ersten umfangreichen interdisziplären Forschungsprojekt siehe Forschungsprojekt OK 3.0, https://www.internationales-strafrecht.uni-osnabrueck.de/forschung/kooperationen_und_abgeschlossene_projekte/ok_30.html Stand 10.07.2023).

Es besteht ein großes Bedürfnis an wissenschaftlichen Erkenntnissen zu den Strukturen von OK, insbesondere der materiellen und strukturellen Typisierung, um Eingriffsgrundlagen zur Verhinderung (präventiv) und Verfolgung (repressiv) zu schaffen (Gropp/Schubert/Wörner 2001, S. 86; Scherschneva-Koller 2014, S. 46). Hinter dem Bedürfnis an den Eingriffsgrundlagen steht das übergeordnete Ziel, die hinter der Struktur stehende Logistik nachhaltig zerstören zu können (Jäger 1995, S. 189). Notwendig dafür sind systematische Strukturermittlungen, bei denen die Ermittlungsbehörden im Rahmen von Ermittlungsverfahren methodisch Erkenntnisse sammeln, aufbereiten und analysieren für die anschließende Darstellung von Kriminalitätsmustern, -trends und -vorhersagen (vgl. Scherschneva-Koller 2014, S. 48 f.).

Welche Faktoren erschweren die Konzeptualisierung OK zusätzlich?

Ein Faktor, der die Konzeptualisierung erheblich erschwert, ist der internationale Kontext bei grenzüberschreitender OK. Ein Hauptbetätigungsfeld der OK mit grenzüberschreitendem Charakter ist die Nutzung illegaler Märkte. Strukturelle Unterschiede in den Rechtssystemen, politischen und wirtschaftlichen Systemen können das Entstehen illegaler Märkte begünstigen oder sogar erst ermöglichen (UNODC 2018, Modul 6). Die Strukturforschung macht diese Unterschiede an Asymmetrien zwischen den Ländern fest. In wirtschaftlicher Hinsicht sind als Bezugspunkte die „Asymmetrien der Preise“ zu nennen. Damit ist zum einen die Ungleichheit bei der Verteilung von Einkommen und der Wirtschaftsgüter gemeint (UNODC 2018, Modul 6); zum anderen sind auch Preis- und Nachfrageunterschiede bei den Wirtschaftsgütern selbst Treiber der Entstehung illegaler Märkte (Sinn 2018, S. 53). Letzteres korreliert eng mit „Asymmetrien der Rechtssysteme“ sowie der „aufsichtsrechtlichen Kontrolltätigkeiten“. Die mangelnde Durchsetzung von Gesetzen und zusätzlich ineffektive Kontrolltätigkeiten begünstigen das Entstehen illegaler Märkte (Sinn 2018, S. 53). Nicht zuletzt ist von entscheidendender Bedeutung, welchen Stellenwert das jeweilige politische System der Bekämpfung von OK einräumt und inwieweit es Investitionen in Kontrollmaßnahmen tätigt (UNODC 2018, Modul 6).

Was ist das hierarchische Modell zur Bestimmung von OK?

Neben der Erfassung von OK-Phänomenen mittels begünstigender Faktoren von außen widmet sich das hierarchische Modell der kriminellen Organisation als solcher und versucht unabhängig von den genannten Faktoren die Beziehungen der Akteure innerhalb einer Organisation zu beschreiben. Grundsätzlich definiert das hierarchische Modell OK als eine Gruppierung voneinander abhängiger Akteure (UNODC 2018, Modul 7), wobei das Maß der Abhängigkeit je nach Gruppierung variiert. Neben streng hierarchisch organisierten Gruppierungen mit stark ausgeprägtem Zugehörigkeitsgefühl (z.B. Clan- und Rocker-Gruppierungen, russisch-eurasische OK) existieren – insbesondere in Europa – weniger hierarchisch organisierte Gruppierungen im Sinne von horizontalen Personengeflechten und Netzwerken (von Lampe, 2013, S. 6f.; BKA 2022a, S. 19ff.; Schwind/Schwind 2021, S. 895; dazu → S. 86ff.). In den streng hierarchischen Organisationen werden die Unter- und Überordnungsverhältnisse nicht selten durch Ehrenkodizes und Sanktionsmechanismen der eigenen Mitglieder abgesichert (Schwalbe 2022, S. 83ff., 88ff.).

Die Schwächen des streng hierarchischen Modells offenbarte schließlich die Bekämpfung von italienisch-mafiösen OK-Gruppierungen (zur Mafia ausführlich → S. 48ff.). Die erfolgreiche Strafverfolgung des hierarchischen Oberhaupts führte regelmäßig nicht zur Zerschlagung der Gruppierung, sondern zur Übernahme der Führung durch ein anderes Mitglied (UNODC 2018, Modul 7). Überdies ist nach dem aktuellen *Europol*-Bericht der Anteil streng hierarchisch organisierter Gruppierungen stark rückläufig: Seit 2017 ist der Anteil an hierarchisch organisierter Kriminalität von ca. 70 % (Europol 2017, S. 14) auf nur noch ca. 40 % gesunken (Europol 2021a, S. 20). Es ist daher ratsam, weitere Modellierungsansätze zur ganzheitlichen Erfassung und Bekämpfung von OK heranzuziehen und vorhandene Ansätze vor dem Hintergrund dieser Dynamik fortlaufend neu zu bewerten.

Was ist das kulturelle Modell zur Bestimmung von OK?

Kulturelle und soziologische Modelle knüpfen ihre Erkenntnisse hauptsächlich an die Zugehörigkeit der kriminellen Akteure zu einer bestimmten ethnischen Gruppe oder sozialen Schicht (von Lampe 1999, S. 177). Während die ethnische Zugehörigkeit etwa in der amerikanischen OK-Forschung zu

Mafia-Gruppierungen eine eher untergeordnete Rolle spielt (von Lampe 1999, S. 178), ist diese in Deutschland im Rahmen der Ursachenforschung zu organisierter Clan-Kriminalität von großer Bedeutung. Das Bundeskriminalamt definiert einen *Clan* als eine *„informelle soziale Organisation, die durch ein gemeinsames Abstammungsverhältnis ihrer Angehörigen bestimmt ist“* (BKA 2022a, S. 23). Nach der bundesweiten Begriffsdefinition der Clan-Kriminalität stellt die Zugehörigkeit zu einem Clan neben der hierarchischen Struktur gerade eine „verbindende, die Tatbegehung fördernde oder die Aufklärung der Tat hindernde Komponente“ dar (BKA 2022a, S. 23). Im Bereich der Clan-Kriminalität zeigt sich, dass die kulturelle sowie sprachliche Abschottung stets angestrebt ist (Schwalbe 2022, S. 121) und maßgeblich für Vertrauen innerhalb der kriminellen Organisation ist. Gleichwohl steht richtigerweise im Rahmen der Strafverfolgung der Clan selbst nicht unter Generalverdacht; es werden stets die kriminellen Mitglieder verfolgt (BKA 2022a, S. 23). An dem Phänomenbereich der organisierten Clan-Kriminalität zeigt sich anschaulich, wie groß der Nutzen einer Modellierung ist. Die kulturelle Modellierung hilft in diesem Falle, eine OK-Gruppierung zu beschreiben, Definitionsansätze zu schaffen, um ihr Handeln zu verstehen und Bekämpfungsansätze zu entwickeln.

Was ist unter OK als „Geschäftsmodell“ (enterprise model) zu verstehen?

Neben den Erkenntnissen der hierarischen und kulturellen Modellansätze unter Berücksichtigung der strukturellen Begünstigungsfaktoren werden ökonomische Erklärungsansätze herangezogen. Das Modell mit dem ausgeprägtesten wirtschaftlichen Verständnis ist das *enterprise model* (u.a. Sellin 1963, S. 12 ff.). Dieses Modell bezieht die Preis- und Nachfrageunterschiede ein, sodass die OK ihr Handeln auf illegalen Märkten stets an der Nachfrage der „Kunden“ ausrichtet. Ziel der Aktivitäten ist, aus dem Anbieten von Dienstleistungen oder dem Handel mit illegalen Produkten (z.B. Produktfälschungen, gestohlenen Produkten, Drogen oder Schusswaffen) Gewinn zu erzielen (UNODC 2018, Modul 7). Nach diesem Modell orientiert sich, vergleichbar mit den Organisationsprinzipien legaler Wirtschaftsunternehmen (Europol 2021a, S. 21; Sellin 1963, S. 12 ff. in: „Organized Crime as a Business Enterprise“), der Unternehmenserfolg stets an dem Absatz nachgefragter Güter. Nicht selten werden sogar legale Unternehmen für kriminelle Zwecke infiltriert und missbraucht (Europol 2021a, S. 24). Weiter differenziert wird bei den ökonomischen Modellen zwischen Erklärungsansätzen auf Ebene einzelner Unternehmen, Unternehmensgruppen oder Märkten insgesamt (von Lampe 1999, S. 150).

Die Erkenntnisse über die ökonomische Ausrichtung von OK sind heute zentrales Merkmal der Auseinandersetzung mit dem Phänomenbereich und daher seit Jahrzehnten Ausgangspunkt für die nationalen und gemeinsamen internationalen Bekämpfungsansätze gegen OK. Beispielweise geht der „Rahmenbeschluss zur Bekämpfung der Organisierten Kriminalität“ (RB 2008/841/JI) auf europäischer Ebene bereits in seiner Begriffsdefinition einer kriminellen Vereinigung (Art. 1 Nr. 1 RB 2008/841/JI) davon aus, dass der „finanzielle oder sonstige materielle Vorteil“ stets prägend ist für derartige Zusammenschlüsse. Auf nationaler Ebene knüpft die Arbeitsdefinition aus dem Jahr 1990 (→ S. 27 ff.) ebenfalls an die „Verwendung gewerblicher oder geschäftsähnlicher Strukturen“ an. Darüber hinaus wird im Lagebild des Bundeskriminalamts die Ausbreitung der OK stets anhand des „kriminell erwirtschafteten Ertrages“ (zum Berichtsjahr 2021 ca. 1,4 Mrd. Euro; BKA 2022a, S. 50) bewertet. Zu der Entwicklung, eine kontinuierliche wirtschaftliche Betrachtung nicht nur der Organisationen selbst, sondern auch des Erfolges bzw. Misserfolges ihrer illegalen Betätigung vorzunehmen, hat das *enterprise model* sicher beigetragen. Auch dieses Modell stellt lediglich ein theoretisches Fundament dar, welches – jedenfalls in seiner strengen Form – nicht bei jeder kriminellen Organisation im Sinne von OK zutrifft.

Was ist unter *Crime-as-a-Service* (CaaS) als Geschäftsmodell zu verstehen?

Das Geschäftsmodell *Crime-as-a-Service* (CaaS) ist Teil des modernen, ökonomischen OK-Bildes und beschreibt einen Bereich der OK, bei dem die traditionellen Strukturen krimineller Netzwerke durch Modelle der Inanspruchnahme individueller und arbeitsteiliger, krimineller Dienstleistungen auf einem globalen Markt abgelöst werden (Sinn 2015, S. 17; Europol 2021a, S. 20; Manske 2020, S. 235; Werger 2022, S. 88 ff.). In der Regel wird CaaS über einen Unternehmer, d.h. eine Kleingruppe oder Einzelne angeboten, welche punktuell und nachfrageorientiert Dienstleistungen zukaufen (Manske 2020, S. 135).

Was ist „Organisierte Cyber-Kriminalität"?

Anknüpfend an das *Crime-as-a-Service*-Modell wird im Bereich der Cyber-Kriminalität (im weiteren Sinne: Straftaten, die unter Nutzung von Informationstechnik begangen werden oder im engeren Sinne: Straftaten, die sich gegen das Internet, informationstechnische Systeme oder deren Daten richten) auch von *Cybercrime-as-a-Service* (CCaaS) gesprochen (BKA 2021b, S. 12). Merkmalsprägend ist hier, dass in der *underground economy*, einem eigenen illegalen Wirtschaftszweig (z.B. *Darknet*-Martplätze) Dienstleistungen, zur Begehung von Cyber-Straftaten angeboten werden (BKA 2021b, S. 12f.). Herausgebildet im Bereich *Organiserter Cyber-Kriminalität* haben sich bereits unterschiedliche, hier nicht abschließend aufgezählte Angriffsmodelle nach ihrem jeweils verwendeten Modus Operandi:

- *Ransomware*-Angriffe: hier werden mit einer Erpressungssoftware Daten verschlüsselt und erst durch Bezahlung eines Lösegeldes freigegeben (BKA 2021b, S. 22),
- *Malware*-Angriffe: vorhandene Daten werden durch Aufspielen einer Schadsoftware mit den unterschiedlichsten Funktionalitäten manipuliert oder gelöscht (BKA 2021b, S. 18),
- *Distributed-Denial-of-Service*-Angriffe (DDoS): DDoS-Angriffe sorgen dafür, dass ein IT-System durch gezielte Überlastung lahmgelegt wird (vgl. BKA 2022a, S. 23),
- *Spamming*, Botnetze, Datendiebstahl u.v.w. Phänomenbereiche.

Besonders gefährlich ist Cyber-Kriminalität, wenn sie sich gegen kritische Infrastrukturen gemäß der Verordnung zur Bestimmung kritischer Infrastrukturennach dem BSI-Gesetz (BSI-KritisV) oder gegen staatliche Einrichtungen richtet. Hier besteht die Gefahr, dass mitunter die Handlungsfähigkeit der Politik, versorgungswichtige Einheiten von Wirtschaftsunternehmen, wie z.B. Gesundheitseinrichtungen, Transport- und Verkehrseinrichtungen oder die Energieversorgung, beeinträchtigt werden. Im Lichte dieser Gefahren sind Betreiber kritischer Infrastrukturen gemäß § 8a Gesetz über das Bundesamt für Sicherheit in der Informationstechnik (BSIG) nunmehr selbst dazu verpflichtet, ein angemessenes Schutzniveau nach dem Stand der Technik gegen Cyber-Angriffe zu schaffen. Die legalen Wirtschaftsunternehmen leisten somit einen erheblichen Beitrag zur Kriminalprävention gegen Organisierte Cyber-Kriminalität.

Anhand welcher Merkmale kann Organisierte Cyber-Kriminalität modelliert werden?

Wesentliches Merkmal Organisierter Cyber-Kriminalität ist die Verwendung Vernetzter Strukturen, insbesondere über das *Darknet* als den wesentlichen Vermittler zu der Beauftragung von Cyber-Straftaten (vgl. Sinn 2018, S. 73 f., 76 f.). Weiterhin zeichnet sich Organisierte Cyber-Kriminalität (*as a service*) durch die Kurzlebigkeit und hohe Dynamik der eingesetzten Modi Operandi sowie deren hohe Komplexität aus (Manske 2020, S. 135). Letzteres liegt vor allem an den zunehmenden Investitionen in IT-Sicherheitsstrukturen durch potenzielle Opfer (i.d.R. Wirtschaftsunternehmen), an die sich die Organisierte Cyber-Kriminalität anpassen muss. Die Vorbereitungsleistung für die Durchführung eines Angriffs ist komplex und veranschaulicht, welcher Grad an Professionalisierung bei *Cybercrime-as-a-service*-Geschäftsmodellen notwendig ist. Typischerweise werden für einen Cyber-Angriff zunächst Foren, die den Anbietern und Nachfragenden als Kontaktbörse dienen (Manske 2020, S. 136), benötigt. Darüber hinaus erfordert das Geschäftsmodell Einrichtungen, die ihrerseits als Dienstleistung hinzugekauft werden, wie die IT-Infrastruktur (Server) mit Verdeckungsmechanismen, Zugangsdaten (z.B. zur Nutzung von Zahlungs- und Abwicklungsdienstleistern), die Softwareentwicklung und der Kauf bedarfsgerechter Angriffssoftware sowie die Infiltrierung der Ziel-IT-Infrastruktur (vgl. 9-Säulen-Modell, BKA 2021b, S. 45 f.; Manske 2020, S. 136 ff.). Nicht zuletzt gehört zu dem Prozess auch das sog. *Crypting*, also die Veränderung der zugekauften Angriffssoftware vor Entdeckung und schließlich das Testen der Software (Manske 2020, S. 136 ff.). In einem letzten Schritt erfolgt die Verschleierung der Zahlungsflüsse (Geldwäsche) mittels Kryptowährungen und die Zuführung der Gewinne in den legalen Finanzkreislauf (Europol 2021a, S. 21).

Sind „vernetzte Strukturen" die neuen Merkmale von OK?

Zunächst muss erwähnt werden, dass OK nicht immer nur einem der genannten Modelle zweifelsfrei zugeordnet werden kann, da die Modellierungsansätze je nach krimineller Vereinigung unterschiedlich ausgeprägt sind und sich darüber hinaus auch regional unterscheiden (vgl. Europol 2021a, S. 20).
Bei modernen *Crime-as-a-Service*-Modellen ist jedoch zu beobachten, dass hierarchisch strukturierte Netzwerke sowie soziologische Aspekte wie ein Zugehörigkeitsgefühl eine eher untergeordnete Rolle spielen und vorwiegend lose, aber vernetzte Strukturen mit ökonomischen Gewinnabsichten merkmalsprägend sind (Sinn 2015, S. 17). Während Vernetzung im Sinne von kriminellen Beziehungen keine Neuheit ist, kann die Kooperation und Kommunikation in der *underground economy* über digitale Dienste zur Inanspruchnahme von kriminellen Dienstleistungen ohne hierarchische Abhängigkeiten als neues Merkmal klassifiziert werden. Eine Abhängigkeit i.S. einer Hierarchie ist hier vorrangig in ökonomischer Hinsicht denkbar, wenn z.B. Dienstleistungen zur Durchführung einer Straftat zeitweise nicht angeboten werden oder das Geschäftsmodell CaaS unwirtschaftlich machen. Diese Entwicklung geht so weit, dass die Anbieter von kriminellen Dienstleistungen im *Darknet* in der Regel keine Kenntnis von konkreten Straftaten haben, die mithilfe ihrer Dienste begangen werden (Werger 2022, S. 89). Diesen Umstand hat der Gesetzgeber bereits im Jahre 2021 zum Anlass genommen, das Betreiben von Handelsplattformen in einem Straftatbestand zu erfassen (§ 127 StGB). Eine Strafbarkeit ist dann anzunehmen, wenn eine Plattform betrieben wird, deren Zweck darauf gerichtet ist, die Begehung bestimmter rechtswidriger Taten zu ermöglichen oder zu fördern. Die Schaffung dieses Straftatbestandes sollte über eine Lücke im Gesetz hinweghelfen, nach der die Plattformbetreiber mangels Kenntnis der angebotenen Güter und Dienstleistungen nur schwer einer Strafbarkeit wegen Beihilfe (§ 27 StGB) zu spezialgesetzlich geregelten Straftatbeständen (z.B. Waffen- oder Drogendelikte) zugeführt werden konnten (Heckmann 2022, Rn. 22).

Welche Faktoren beeinflussen und begünstigen die Vernetzung?

Die Möglichkeiten der digitalen Vernetzung begünstigen CaaS-Geschäftsmodelle einerseits und stellen die Strafverfolgungsbehörden andererseits vor große Herausforderungen. Insbesondere die dynamischen und kurzlebigen, losen kriminellen Verbindungen zwischen den Akteuren erschweren eine Strukturanalyse. *Europol* schätzt in seinem aktuellen Bericht 2021 zur OK, dass der Anteil dieser kurzlebigen, losen OK-Verbindungen seit 2017 von 30 % (Europol 2017, S. 14) auf 60 % (Europol 2021a, S. 20) angewachsen ist. Ferner nehmen die Akteure zur Durchführung der Straftaten teilweise mehrere Netzwerke, größtenteils sogar in in unterschiedlichen Ländern, in Anspruch (Europol 2021a, S. 20).

Hinzu kommt, dass die Entwicklung neuer Zahlungsdienste und Kryptowährungen ein wesentlicher Faktor bei der Verschleierung von Zahlungsflüssen ist (Europol 2017, S. 19). Die Verschleierung von Zahlungsflüssen und das anschließende Zuführen der Vermögenswerte in den legalen Wirtschaftskreislauf wird ebenfalls zunehmend durch Dienstleister in der *underground economy* abgedeckt. Nach Schätzungen von *Europol* nutzen bereits 32 % der OK-Gruppierungen diese digitalen Geldwäschedienste oder haben Zugang zu diesen (Europol 2021a, S. 21). Auch wenn noch ein großer Teil der Geldwäsche über Investitionen in Immobilien oder hochwertige Güter abgewickelt wird, so zeigt der *SOCTA*-Bericht von *Europol* doch deutlich, dass das Outsourcing krimineller Handlungen im Bereich der OK mithilfe des Netzwerkes voranschreitet und eine schemenhafte Skizzierung erschwert.

Was ist unter der strukturierten Risikobewertung im Bereich der OK zu verstehen?

Bei einer Risikobewertung, wie sie auch in anderen außerstrafrechtlichen Bereichen Anwendung findet, wird ausgehend von einer Risikoidentifikation zunächst die Eintrittswahrscheinlichkeit eines Ereignisses sowie die potenzielle Schadenshöhe analysiert. Bei der anschließenden Bewertung wird die Eintrittswahrscheinlichkeit ins Verhätltnis zu den Folgen des Schadenseintritts gesetzt und bewertet (vgl. Sinn 2018, S. 134;

Brauweiler 2019, S. 9; UNODC 2018, Modul 5; ISO 31000:2018-Norm über die allgemeinen weltweit gültigen Grundsätze des Risikomanagements). Ausgehend von dem Ergebnis der Bewertung werden sodann Präventivmaßnahmen für zukünftige ähnlich gelagerte Schadenspotenziale (Risikosteuerung und -überwachung) ergriffen (Brauweiler 2019, S. 2; ISO 31000:2018).

Vorangestellt werden muss, dass im privatwirtschaftlichen Bereich bereits eine Verpflichtung für Unternehmen zur Einführung und Unterhaltung eines funktionsfähigen Risikomanagements zum Monitoring bestimmter strafrechtlicher Risiken aus verschiedenen spezialgesetzlichen Normen (z.B. §§ 4 ff. Geldwäschegesetz; §§ 4 ff. Lieferkettensorgfaltspflichtengesetz) folgt. Im Rahmen dieser Verpflichtungen leisten die Wirtschaftsunternehmen einen Beitrag zur Kriminalprävention, da die Risikobewertung als geeignet angesehen wird, die Sicherheit vor kriminellen Zugriffen zu erhöhen. Parallel dazu wird seit einigen Jahren eine strukturierte Risikobewertung auch im Bereich der Strafverfolgung genutzt und auf Phänomenbereiche der OK angewandt (UNODC 2018, Modul 5). Hierbei werden konkret die Risiken der Straftatbegehung aus unterschiedlichen Perspektiven bewertet. Neben dem Schadensausmaß in Bezug auf die Wirtschaft (Produktmärkte), physischer Schäden in Folge der Anwendung körperlicher Gewalt sowie der Belastung der Öffentlichkeit, der Strafverfolgungsbehörden und Justiz führt die Ermittlung der Eintrittswahrscheinlichkeit im Idealfall zu einer fundierten Einschätzung des Bedrohungspotenzials (vgl. Werger 2022, S. 94; UNODC 2018, Modul 5). In Deutschland soll dieser Ansatz über das jährliche Bundeslagebild „Organisierte Kriminalität“ abgedeckt werden mit dem Ziel, ausgehend von der Risikobewertung die Ressourcen der Strafverfolgung bestmöglich zu nutzen. Für den Bereich der Geldwäsche wird darüber hinaus eine Nationale Risikoanalyse (NRA) veröffentlicht.

Welche Rolle spielen die Modellierungsversuche bei der strukturierten Risikobewertung von OK und welchen Nutzen haben Frühwarnsysteme?

Im Rahmen der Risikobewertung spielen die Erkenntnisse aus den unterschiedlichen Modelltheorien eine besondere Rolle bei der Festlegung von Parametern und Prioritäten innerhalb der Risikobewertung (Werger 2022, S. 94 f.). Beispielsweise fließen als Indikatoren Hierarchie und Größe von OK-Gruppierungen, regionale Besonderheiten, gruppierungsspezifische Merkmale (wie z.B. bei der Clan-Kriminalität das ausgeprägte familiäre Zugehörigkeitsgefühl), die internationale Verflechtung oder marktspezifisches Wissen in die Bewertung ein (vgl. Werger 2022, S. 95; UNODC 2018, Modul 5).

Im Rahmen der Risikosteuerung eingerichtete Frühwarnsysteme stellen sicher, dass der Informationskreislauf für eine kontinuierliche Risikobewertung gewährleistet ist. Frühwarnsysteme spielen eine hervorgehobene Rolle bei dem Monitoring von Indikatoren für den Eintritt von Schadensereignissen. *Europol* betreibt beispielsweise mit dem SCAN-System (**Sc**anning-**A**nalysis-&-**N**otification-System) ein Frühwarnsystem, welches über aktuelle Bedrohungen durch OK informiert. Die gelieferten Informationen sind wiederum Grundlage für die strukturierten Risikobewertungen der nationalen Strafverfolgungsbehörden. Derartige Einrichtungen existieren darüber hinaus für weitere Wirtschaftssektoren (z.B. das Netzwerk „EuReCA“ zur Meldung von Geldwäscheschwachstellen oder das Netzwerk „Eurofisc“ für den Bereich der organisierten Umsatzsteuerhinterziehung). In Deutschland existiert angegliedert an das Bundesamt für Sicherheit in der Informationstechnologie (BSI) mit dem CERT (Computer Emergency Response Team) im Bereich der IT-Sicherheit eine Einrichtung, die ein Warn- und Informationsdienst über Cyber-Sicherheitsrisiken für Bundesbehörden und den Privatsektor betreibt. Die Herausforderung besteht darin, aus den unterschiedlichen Quellen eine einheitliche Risikobewertung für die OK vorzunehmen.

Abschnitt 4: Daten und Fakten zur OK | Arndt Sinn

Es ist nicht einfach, OK klar zu erkennen. Denn die Datenlage ist schwer zu überblicken. Wichtig ist dennoch zu wissen, wie viele Gruppierungen es tatsächlich gibt, welche Tätigkeitsbereiche und Methoden sie nutzen und letztendlich auch welchen Profit sie erzielen. Zudem ist es heute relevanter denn je, die Zusammenhänge zwischen Clan-Kriminalität und ggf. sogar Terrorismus aufzudecken.

Welche Datenquellen gibt es zur OK?

Die Datenlage zur Organisierten Kriminalität ist unübersichtlich. Um sich einen Überblick über die Organisierte Kriminalität zu verschaffen, kann nicht auf eine Statistik zurückgegriffen werden. Vielmehr muss man mit einer Vielzahl von Berichten, Statistiken und Trendstudien arbeiten, in die Daten aus unterschiedlichsten Quellen einfließen für unterschiedliche Zwecke und von Behörden, Wissenschaft, Wirtschaft sowie NGOs bereitgestellt werden. Aus internationaler Sicht sind die Berichte der UNODC von besonderer Bedeutung, weil unter dem Dach der UN seit 2000 auch eine für die Vertragsstaaten völkerrechtlich verbindliche Konvention zur Verfolgung der Organisierten Kriminalität existiert (dazu → S. 35 f.), mit der ein gemeinsamer rechtlicher Rahmen zur Begriffsbestimmung sowie zur grenzüberschreitenden Zusammenarbeit geschaffen wurde. Für die Europäische Union ist der *Europol-SOCTA*-Bericht von besonderer Bedeutung: Alle vier Jahre erscheint für den Bereich der organisierten Kriminalität der *Serious and Organised Crime Threat Assessment* (SOCTA), der Teil des *Policy Cycle* ist und deshalb für die Priorisierung der Kriminalitätsverfolgung und Prävention im Rahmen der Europäischen Union erhebliches Gewicht hat. Dieser vierjährige *Policy Cycle* zielt darauf ab, die wichtigsten Bedrohungen, die von der organisierten und schweren internationalen Kriminalität für die EU ausgehen, auf kohärente und methodische Weise zu bekämpfen, indem die Zusammenarbeit zwischen den zuständigen Dienststellen der Mitgliedstaaten, den EU-Institutionen und EU-Agenturen sowie Drittländern und Organisationen, gegebenenfalls auch dem Privatsektor, verbessert und verstärkt wird (vgl. näher zum EU-*Policy Cycle* die Informationen des Rats der Europäischen Union: https://op.europa.eu/en/publication-detail/-/publication/fb6229b9-d5a3-11e8-9424-01aa75ed71a1/ Stand 10.07.2023).

Im Jahr 2021 wurde der *Policy Cycle* in *EMPACT 2022+* überführt (EMPACT steht für *European Multidisciplinary Platform against Criminal Threats*). Die vierjährige Zeitspanne und die Abläufe bleiben unverändert (https://www.europol.europa.eu/crime-areas-and-statistics/empact Stand 10.07.2023).

Außerdem erarbeitet *Europol* anlassbezogen weitere Berichte zur Trendanalyse, wie beispielsweise zur Poly-Kriminalität oder zum Einfluss der Corona-Pandemie im Zusammenhang mit Organisierter Kriminalität. Im Zusammenhang mit dem illegalen Handel und Kriminalität sind die von der Europäischen Kommission im Rahmen der Zollunion (vgl. https://taxation-customs.ec.europa.eu/customs-4/eu-customs-union-facts-and-figures_

en Stand 10.07.2023). erfassten Daten zu illegalen Warenströmen besonders hervorzuheben, denn die Zollbehörden stehen bei der Wahrnehmung von illegalen Gütern häufig an erster Stelle, weil es zu ihren Aufgaben gehört, die Warenströme, die in die EU eingeführt werden, zu kontrollieren. Auf eine vom Statistischen Amt der Europäischen Union (Eurostat) herausgegebene Statistik kann jedoch nicht zurückgegriffen werden.

Auch in Deutschland existieren Statistiken der Landeskriminalämter, des Zollkriminalamts sowie des *BKA* (Lagebilder), aus denen sich Daten zur Organisierten Kriminalität erheben lassen. Eine weitere Datenquelle sind Angaben der Bundesregierung anlässlich parlamentarischer Anfragen (vgl. dazu Hemmert-Halswick et al. 2022, S. 153 ff.).

Alle Datenquellen bilden aber immer nur ein in der Vergangenheit liegendes Bild der OK ab. Insoweit sind die Erkenntnisse über OK nie aktuell, denn OK ist ein sich stetig anpassendes und flexibles Kriminalitätsphänomen.

Onlinetipps

https://www.bka.de/DE/AktuelleInformationen/StatistikenLagebilder/statistikenlagebilder_node.html (Stand 10.07.2023)

https://www.europol.europa.eu/publications-events/main-reports (Stand 10.07.2023)

In welchen Tätigkeitsbereichen ist OK aktiv?

Die Lebensader der „Organisierte Kriminalität“ ist der Handel mit illegalen Gütern und das Angebot illegaler Dienstleistungen. Dabei wird entweder mit Gegenständen gehandelt, die dem legalen Markt durch ein Verbot des Gesetzgebers (z.B. Waffen, Menschen oder Drogen) entzogen oder bestimmten Kontrollregimen unterworfen sind (z.B. Arzneimittel) oder durch Umgehung von Einfuhr- und Zollbestimmungen dem Besteuerungsverfahren vorenthalten (Tabak- und Alkoholprodukte) beziehungsweise durch das Angebot von Plagiaten die Markenrechte der eigentlichen Hersteller missachtet werden. Die Produktvielfalt konkurriert mit dem legalen Marktgeschehen, wobei der handelsübliche Preis durch die Illegalität bei der Herstellung, bei der Einfuhr und beim Vertrieb unterboten wird. Kennzeichnend für das Phänomen ist die spiegelbildliche Verbindung der Instrumentarien des Wirtschaftslebens.

Es gibt wohl kaum ein Kriminalitätsphänomen, in dem OK nicht aktiv ist. Der Zweck, warum sich Personen in einen Zusammenschluss einbinden und organisiert Straftaten begehen, ist die Aussicht auf Profit. Deshalb gilt, dass OK überall dort vermutet werden kann, wo Profite erwirtschaftet werden können. Freilich spielen noch weitere Faktoren bei der Auswahl des Tätigkeitsbereichs eine Rolle (z.B. Profithöhe, Strafbarkeitsrisiko, Strafverfolgungsdruck, Kontrolldichte, politische Lage, Standort, Etablierung auf einem Markt, beherrschende Stellung, Kontakte, Ereignisse (Pandemie) usw.). Um die Frage zu beantworten, in welchen Bereichen die OK hauptsächlich tätig ist, liefern die Daten des Zolls wertvolle Anhaltspunkte über die im Hellfeld besonders auffälligen illegalen Warenströme. Sechs Produktgruppen werden von der Europäischen Kommission besonders hervorgehoben: Drogen, Tabak und Zigaretten, Waffen, Produktfälschungen, der illegale Handel mit Elfenbein, geschützten Tieren/Pflanzen sowie der illegale Handel mit Kulturgütern (vgl. https://ec.europa.eu/taxation_customs/facts-figures/customs-sees-what-you-dont-protects-you_en Stand 10.07.2023).

Immer noch stark unterschätzt wird der Bereich der Produktfälschungen, obwohl sich auf diesem Markt sehr hohe Gewinnmargen bei niedrigem Verfolgungsdruck und einem geringen Niveau der zu befürchtenden Sanktion erwirtschaften lassen. Die Attraktivität steigt weiter durch die niedrigen Produktionskosten und einer großen Nachfrage. Hinzu kommen Treiber wie Technologie und Onlineabsatz: Neue Technologien machen es immer einfacher, Produkte gefälscht herzustellen und billig durch den Onlinehandel auf dem Markt zu platzieren. In den meisten Fällen von Produktfälschungen muss man dazu nicht einmal im *Darknet* suchen. Vielmehr genügt es, einen Shop im Surface-Web zu platzieren, wobei die Fälscher auch ganze Webshops nachahmen, um die Abnehmer zu täuschen. Begründen lässt sich das mangelnde kriminalpolitische Interesse *einerseits* damit, dass die durch Produktpiraterie verursachten Verletzungen opferlos erscheinen und deshalb als weniger gefährlich wahrgenommen werden. Tatsächlich treffen die durch Produktfälschungen verursachten Schäden aber die ganze Gesellschaft und sie können auch zu persönlicher Betroffenheit führen. So hat das *Amt der Europäischen Union für das geistige Eigentum* (EUIPO) im Jahr 2017 geschätzt, dass sich im Bereich von Pestiziden für die EU-Wirtschaft ein Umsatzverlust durch Fälschungen in Höhe von ca. 2,8 Mrd. Euro ergibt, der wiederum zu einem Verlust von rund 11.700 Arbeitsplätzen und einem Ausfall staatlicher

Einnahmen in Höhe von 238 Mio. Euro führt (EUIPO, Die wirtschaftlichen Kosten der Verletzungen von Rechten des geistigen Eigentums in der Pestizidindustrie, 2017, S. 5). Die Europäische Kommission geht davon aus, dass illegale und gefälschte Pflanzenschutzmittel rund 10 % des EU-Marktes ausmachen (vgl. Bericht der Kommission an das Europäische Parlament und den Rat, Bewertung der Verordnung (EG) Nr. 1107/2009 über das Inverkehrbringen von Pflanzenschutzmitteln und der Verordnung (EG) Nr. 396/2005 über Höchstgehalte an Pestizidrückständen v. 20.05.2020 COM (2020) 208 f.nal, S. 16). Auch die jüngsten Ermittlungen Im Juni 2021 unter der Koordinierung *Europols* im Rahmen der Operation *Silver Axe VI* belegen die große Bedeutung dieses illegalen Marktes (vgl. https://www.europol.europa.eu/media-press/newsroom/news/pesticides-worth-to-€-80-million-in-criminal-profits-seized-during-operation-silver-axe-vi, Stand 10.07.2023). *Andererseits* sind aber die kriminellen Strukturen, die hinter den gefälschten Produkten stehen, teilweise noch zu unklar, um als Organisierte Kriminalität wahrgenommen zu werden.

Der Drogenhandel spielt in der Europäischen Union im Zusammenhang mit der OK nach wie vor eine bedeutende Rolle. Circa 38 % der gemeldeten OK-Gruppierungen sind nach *Europols SOCTA* 2021 in den Drogenhandel verwickelt (Europol 2021a, S. 12). Die Gründe dafür liegen in den hohen Gewinnmargen, die in diesem Markt zu erlangen sind und in der durch die Drogensucht verursachte ständige Nachfrage. Die Drogenmärkte in der EU werden von ausgeklügelten kriminellen Netzwerken beliefert, die sich verschiedener Modi Operandi bedienen und sowohl den Großhandel als auch den Vertrieb auf mittlerer Ebene und im Einzelhandel betreiben, wird von *Europol* berichtet (Europol 2021a, S. 45 ff.).

Wie agiert die OK und welche Methoden verwendet sie?

Organisierte Kriminalität zeichnet sich durch *organisierte* Straftatbegehung aus. Und genau darin liegt die besondere Gefährlichkeit von Organisierter Kriminalität (vgl. Sinn et al. 2021, S. 435 ff.). Die Flexibilität, Anpassungsfähigkeit, Abschottung, Mobilität, Spezialisierung, (internationale) Vernetzung und das arbeitsteilige (grenzüberschreitende) Vorgehen sowie die Nutzung von technischen Innovationen verleihen OK illegitime politische, wirtschaftliche und soziale Machtpositionen, die unsere freiheitliche, demokratische und soziale Grundordnung verfälschen und substanziell gefährden. Hauptmotiv der OK ist es, Geld zu verdienen. Dieses illegal erwirtschaftete Geld verschafft diesen Gruppierungen ein Machtpotenzial sowohl auf den illegalen als auch auf den legalen Märkten, wenn es beispielsweise darum geht, einerseits die Profite in illegale Geschäfte zu reinvestieren, den Handel auszubauen, anzupassen oder als Mittel zur Korruption einzusetzen, andererseits, die Gewinne durch Geldwäsche zurück in den legalen Wirtschaftskreislauf zu schleusen. Im EU-Raum nutzen 80 % aller OK-Gruppierungen *legale* Firmenstrukturen für ihre *kriminellen* Aktivitäten, 68 % der Gruppierungen sind in Geldwäsche verstrickt und 60 % nutzen Korruption und Gewalt für ihre kriminellen Aktivitäten. 70 % der in der EU aktiven OK-Gruppierungen agieren grenzüberschreitend (Europol 2021a, S. 18 ff.). Von besonderer Bedeutung für OK ist die Abschottung. Durch Abschottung wird erreicht, dass klassische Strafverfolgungsmaßnahmen an ihre Grenzen gelangen, wenn Personen in den Hierarchien oder Netzwerken nur aufgrund einer besonderen Bindung oder Vertrauen Zugang zur Organisation erhalten oder nur noch kryptiert miteinander kommuniziert wird. OK nutzt jede rational profitable technische Innovation zum Zweck der Funktionsfähigkeit der kriminellen Struktur, was gleichzeitig die Organisation nach innen und außen weiter stärkt.

Das *BKA* hat im Lagebild zur Organisierten Kriminalität für das Berichtsjahr 2021 (BKA 2022a, S. 33) festgestellt, dass in 187 der eingeleiteten OK-Ermittlungsverfahren Straftaten i.Z.m. der Nutzung kryptierter Telekommunikation über den bis zu seiner Abschaltung in Europa ansässigen Kommunikationsdienst *EncroChat* begangen wurden. Dies entspricht einem Anteil von 26,9 % an allen 696 gemeldeten OK-Verfahren. Gegen 1.348 Tatverdächtige wurde im Zusammenhang mit EncroChat im Jahr 2021 ermittelt. (BKA 2022a, S. 34).

In der Europäischen Union ist zu beobachten, dass die kriminellen Strukturen der OK fließender und flexibler sind, als man das bisher angenommen hatte. Vorherrschend sind nicht hierarchisch strukturierte OK-Gruppierungen (40 %), vielmehr haben 60 % der bekannten OK-Gruppierungen eine fließende Kriminalitätsstruktur und sie agieren in Netzwerken (Europol 2021a, S. 7, 20). *Europol* berichtet, dass verschiedene Netze von zusammenarbeitenden Einzelpersonen und Gruppen bei der Verfolgung gemeinsamer krimineller Ziele miteinander interagieren. Dies führt zu einer höheren Komplexität krimineller Operationen. Darüber hinaus können die Akteure an verschiedenen Stellen der kriminellen Prozesskette in mehreren verschiedenen Netzen tätig sein oder Dienstleistungen für diese erbringen

(Europol 2021a, S. 20). Diese kriminellen Netze bestehen aus Kontakten, die dauerhaft oder ad hoc miteinander in Verbindung stehen. Die Netze sind unterschiedlich groß. Kleinere Netze operieren oft auf regionaler oder lokaler Ebene und stützen sich auf autonome Partner. In vielen Fällen erbringen diese Partner ihre Dienste gleichzeitig für mehrere Netze. Größere Netze operieren in der Regel auf internationaler Ebene und sind an komplexeren Operationen beteiligt (Europol 2021a, S. 20). Ähnlich wie in der legalen Geschäftswelt besteht der Kern eines kriminellen Netzes aus den Führungsebenen und Akteuren vor Ort. Der Kern ist von einer Reihe von Akteuren umgeben, die mit der kriminellen Infrastruktur verbunden sind und unterstützende Dienste anbieten, wie z.B. Makler, Dokumentenbetrüger, technische Experten, Rechts- und Finanzberater, Geldwäscher und andere Dienstleister (Europol 2021a, S. 10).

Zu den typischen hierarchisch strukturierten Gruppierungen gehören kriminelle Zusammenschlüsse, die mit Cannabis und Kokain handeln (Europol 2021a, S. 47, 50). Diese sind sehr gut organisiert, strukturiert und durch eine klare Rollenverteilung definiert. Um diese Gruppierungen findet man dann unstrukturiert ein Netz von Personen, die in die kriminellen Aktivitäten verwickelt sind (Europol 2021a, S. 47). Ein großer Teil der *Europol* gemeldeten Fälle mit tödlichen und schweren Gewalttaten steht im Zusammenhang mit Drogen, insbesondere mit dem Handel mit Cannabis (Europol 2021a, S. 47). Im Zusammenhang mit weiterer Gewaltkriminalität, wie organisierten Raubüberfällen, finden sich weitere hierarchisch strukturierte Gruppierungen, wie die *Diebe im Gesetz*, Motorrad-Gangs oder Clan-Kriminelle (Europol 2021a, S. 87). Auffällig ist, dass die hierarchisch strukturierten Gruppierungen zur Durchsetzung ihrer kriminellen Ziele häufig Gewalt einsetzen, was ihr großes Bedrohungspotenzial ausmacht. Auch unionsweit wird von *Europol* der Einsatz von Gewalt in Häufigkeit und Schwere als wachsendes Phänomen beschrieben (Europol 2021a, S. 7, 10). Da Gewalt aber bei Raubüberfällen oder auch bei Rivalitäten konkurrierender Gruppierungen in der Regel nicht unentdeckt bleibt, ja im Gegenteil auffällig ist und nicht im Verborgenen bleibt, ziehen diese Gruppierungen die Aufmerksamkeit der Strafverfolgungsbehörden auf sich. Einerseits ist also Gewalt zur Deliktbegehung erforderlich (Raub) oder zur Aufrechterhaltung der Hierarchie oder der Ordnung des illegalen Marktes unvermeidlich. Andererseits ist Gewalt aber ein Ereignis, dass Aufmerksamkeit erregt und damit den Verfolgungsdruck erhöht. Es muss deshalb nicht verwundern, dass Gewalt eher in Hierarchien als in Netzwerken eine Rolle spielt. Netzwerke bleiben also eher unentdeckt, wenn sie Gewalt vermeiden. Allerdings ist die wachsende Bedeutung von Gewalt in der EU ein Zeichen dafür, dass staatliche Autorität nicht mehr als effektives Verfolgungsinstrumentarium wahrgenommen wird.

Fallbeispiel (EUIPO/Europol 2019, S. 20)
Durch eine gemeinsame Aktion der spanischen Nationalpolizei und der spanischen Steuerbehörden, die von Europol unterstützt wurde, gelang die Zerschlagung einer internationalen kriminellen Organisation, die in IP-Kriminalität und Geldwäsche verwickelt war. Insgesamt wurden fast 265.000 Waren, die Rechte des geistigen Eigentums verletzen – Textilien, Schuhe, Uhren, Sonnenbrillen, Lederwaren, Schmuck usw. – mit einem geschätzten Schwarzmarktwert von 8 Mio. Euro beschlagnahmt.
Die kriminelle Gruppe nutzte ein ausgeklügeltes Netzwerk von Scheinfirmen und Strohmännern, um die Erlöse aus ihren kriminellen Aktivitäten zu waschen, die über 9 Mio. Euro betragen haben sollen. Insgesamt wurden 71 Personen verhaftet, 6 Räumlichkeiten wurden durchsucht und 41 kontrolliert, darunter auch Lagerhallen. Die Operation führte auch zur Beschlagnahmung von 30 hochwertigen Fahrzeugen, 150 Bankkonten, rund 13.000 Euro in bar, zwei Stempelschildern und Dokumenten im Zusammenhang mit den illegalen Aktivitäten. In einigen der Räumlichkeiten entdeckten die Ermittler die Existenz von geheimen Lagerhäusern, die hinter falschen Wänden versteckt waren und von den Kriminellen genutzt wurden, um die neueste illegale Ware im Falle einer Polizeirazzia zu verstecken.
Die Bande operierte in den Gebieten von La Junquera und El Perthus in Spanien, die für die Verletzung von Rechten des geistigen Eigentums bekannt sind. Die kriminelle Organisation bestand aus drei homogenen Gruppen ohne klaren hierarchischen Anführer und operierte perfekt koordiniert, um Lieferkanäle, Lagerhäuser und Geldwäschemechanismen gemeinsam zu nutzen. Die Kriminellen importierten Waren von verschiedenen Unternehmen und aus verschiedenen Ländern, vor allem aus China, Portugal und der Türkei. Andere Produkte, vor allem Lederwaren und Gürtel, fälschten sie in Spanien durch den Erwerb von White-Label-Produkten, auf die sie Logos und anerkannte Markennamen aufbrachten.

Wie viel Profit erwirtschaftet die OK weltweit?

Schätzungen von OECD/EUIPO zufolge erwirtschaftet die international Organisierte Kriminalität jährlich ca. 870 Mrd. US-Dollar, was 1,5 % des globalen BIP entspricht (OECD 2016, S. 13.) In dieser Studie wird allein für den Bereich der Produktpiraterie von einem Anteil von 2,5 % am Welthandel ausgegangen, was ca. 461 Mrd. US-Dollar gleichkommt (OECD/EUIPO 2016, S. 11 (für das Jahr 2013). Nach einer Folgestudie ist der Anteil gefälschter Waren am Welthandel seit den 2016 veröffentlichten Schätzwerten zufolge auf 3,3 % gestiegen, was 509 Mrd. US-Dollar entspricht (OECD/EUIPO 2019, S. 11 (für das Jahr 2016). Zwischen 5 % und 6,8 % der in die EU eingeführten Waren sind Fälschungen (Europäische Kommission C (2016) 3724final v. 20.06.2016, 2; OECD/EUIPO 2019, S. 11). Nach Schätzungen in einer anderen Studie vom März 2017 sind die Einnahmen aus den illegalen Geschäften der transnational agierenden kriminellen Gruppierungen sogar noch viel höher und sollen zwischen 1,6 Bill. US-Dollar und 2,2 Bill. US-Dollar liegen (May 2017, S. xi). Auf den Bereich der Produktpiraterie und den Markt für gefälschte Produkte sollen allein zwischen 923 Mrd. US-Dollar und 1.130 Bill. US-Dollar entfallen. Mehr als 50 % aller Gewinne stammen also aus Einnahmen durch gefälschte oder unerlaubt hergestellte Güter. Das unterstreicht die Bedeutung dieses illegalen Marktes und der Notwendigkeit, sich mit diesem Phänomen auch aus kriminalpolitischer Sicht näher zu beschäftigen.

Wie viele Gruppierungen der OK gibt es in der Europäischen Union?

Über die Anzahl der OK-Gruppierungen, die in der EU aktiv sind, informiert der von *Europol* regelmäßig erstellte *SOCTA*-Bericht. Das letzte Lagebild datiert aus dem Jahre 2021. Es dient in erster Linie der kriminalpolitischen Weichenstellung in den Mitgliedstaaten der Europäischen Union für Maßnahmen der Prävention und Repression gegen Organisierte Kriminalität.

Hat *Europol* noch auf der Grundlage der Meldungen aus den Mitgliedstaaten festgestellt, dass bis zum Jahr 2017 5.000 internationale organisierte kriminelle Gruppen in der EU tätig waren (Europol 2017, S. 14), so fehlt diese Angabe im neusten *SOCTA*. Und auch die Bundesregierung konnte dazu im Jahr 2022 keine Angaben machen (BT-Drs. 20/3333, S. 5). Über die OK-Strukturen wird in dem *SOCTA* berichtet, dass in diesen Gruppierungen

180 Nationalitäten aktiv sind. 40 % der Gruppierungen sind in verschiedenen Kriminalitätsbereichen tätig (Polycrime) und 70 % der Gruppierungen sind international aktiv (Europol 2021a, S. 18f.). Sieht man von der leichten Verringerung der Anzahl polykrimineller Gruppierungen ab, so haben sich im Vergleich zum *SOCTA* 2017 kaum Veränderungen ergeben. Neu ist aber immerhin, dass 80 % aller OK-Gruppierungen legale Firmenstrukturen für ihre kriminellen Aktivitäten nutzen (Europol 2021a, S. 18, 21). Das OK-Phänomen ist in der EU also sehr stabil. Diese Zahlen zeigen deutlich das hohe Bedrohungspotenzial, das von organisierter Kriminalität im internationalen Kontext ausgeht. Die Aktivitäten in den verschiedenen Kriminalitätsbereichen stehen für die hohe Flexibilität, Anpassungsfähigkeit und das Nutzen von Synergieeffekten. Die multinational zusammengesetzten organisierten Gruppierungen stehen für die Bildung von Allianzen und die Nutzung von Sprach- und kulturellem Potenzial durch die einzelnen Akteure. Die hohe Internationalität steht für den grenzüberschreitenden Charakter und die hohe Mobilität dieser Gruppierungen. Die wichtigsten Tätigkeitsbereiche dieser Gruppierungen reichen von Fälschung von Zahlungsmitteln und Dokumenten über *Cybercrime*, Produktfälschungen und IP-Kriminalität, Drogenhandel, Betrug, Menschenhandel, Eigentumskriminalität, Korruption im Bereich des Sports bis hin zu Umweltkriminalität und Waffenhandel (Europol 2021a, S. 36ff.). Die Mittel, die Organisierte Kriminalität in diesen Bereichen einsetzt, reichen von Korruption über Dokumentenfälschung, Geldwäsche, dem Einsatz von Gewalt und der Nutzung von neuen Technologien bis hin zur verstärkten Nutzung des Online-Handels und legalen Firmenstrukturen (Europol 2021a, S. 10f.). Auch das hat sich seit 2017 (Europol 2017, S. 13) nicht verändert und diese Ergebnisse zeigen, dass seit Jahren Technologie und Online-Handel ganz wesentliche Treiber für Organisierte Kriminalität sind. Und dieser Trend setzt sich auch weiterhin fort.

Wie viele Gruppierungen der OK gibt es in Deutschland?

Die OK-Lage in Deutschland wird jährlich vom *BKA* in Zusammenarbeit mit den Landeskriminalämtern, dem Bundespolizeipräsidium und dem Zoll in einem Bundeslagebild beschrieben. Die Daten beruhen auf der im Mai 1990 von der Gemeinsamen Arbeitsgruppe (GAG) Justiz/Polizei entwickelten Arbeitsdefinition „Organisierte Kriminalität“ (dazu → S. 27f.). Die im Berichtszeitraum anhängigen OK-Verfahren werden nach einem bundesweit einheitlichen Raster erhoben. Es handelt sich um eine Beschreibung des Hellfeldes polizeilicher Ermittlungstätigkeit und es bildet deshalb auch nur die Ergebnisse polizeilicher Strafverfolgungsaktivitäten im Bereich der Organisierten Kriminalität ab.

Wie man den Verfahrenszahlen zur Organisierten Kriminalität in den letzten Jahren bis zum Jahr 2020 entnehmen kann, sind die in Deutschland agierenden OK-Gruppierungen auf gleichbleibendem Niveau aktiv. Im Jahr 2020 wurden 594 Verfahren geführt (2016: 563; 2017: 572; 2018: 535; 2019: 579). Für das Jahr 2021 wurde 696 OK-Verfahren erfasst, was einen Anstieg im Vergleich zum Vorjahr um 17,2 % bedeutet. Dieser Anstieg ist auf die im Rahmen der EncroChat-Ermittlungen (dazu → S. 130 f.) erlangten Daten zu erklären. In den 696 Gruppierungen waren im Jahr 2021 7.503 Tatverdächtige aktiv (BKA 2022a, S. 2).

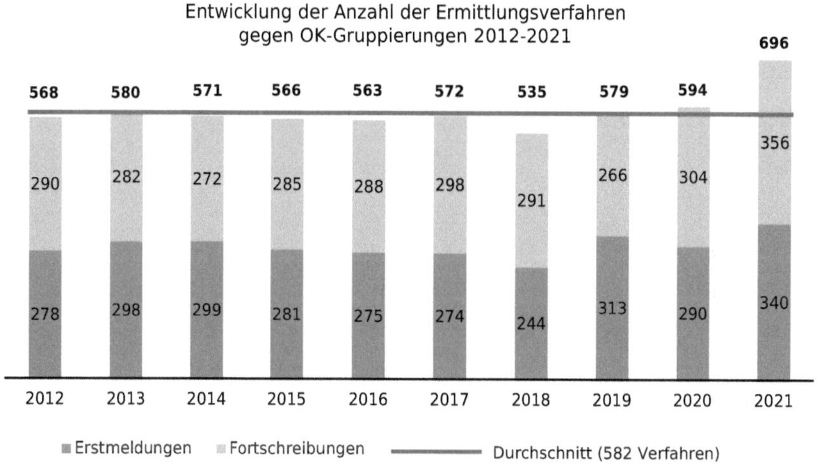

Abbildung 1: OK-Gruppierungen in Deutschland 2012–2021, in Anlehnung an Bundeskriminalamt 2022a, S. 8.

Hinsichtlich der Kriminalitätsbereiche (BKA 2022a, S. 6), in denen Organisierte Kriminalität in Deutschland aktiv ist, dominiert der Drogenhandel (335), gefolgt von der Kriminalität im Zusammenhang mit dem Wirtschaftsleben (113) und der Eigentumskriminalität (63), der Schleusungskriminalität (43), Steuer- und Zolldelikten (36), Gewaltkriminalität (21), Geldwäsche (18), Menschenhandel und Ausbeutung (16) und *Cybercrime* (15). In nur

2 % aller beim *BKA* für das Jahr 2021 registrierten OK-Verfahren wurde auch wegen der Beteiligung an einer kriminellen Vereinigung ermittelt. Das betrifft nur 14 von insgesamt 696 OK-Verfahren. Die Verfahrenszahlen sind sogar rückläufig, was vor dem Hintergrund der Ausweitung des Anwendungsbereichs (→ S. 39 f.) der kriminellen Vereinigung (§ 129 Abs. 2 StGB) jedenfalls nicht naheliegt. Im einstelligen Verfahrensbereich sind die Tätigkeitsbereiche Fälschungskriminalität (7), Korruption (6), Waffenhandel und -schmuggel (5), Kriminalität im Zusammenhang mit dem Nachtleben (2) und Umweltkriminalität (2) auffällig geworden.

Kriminalitätsbereiche	
Rauschgifthandel/-schmuggel	335 | 48,1 %
Kriminalität i.Z.m. dem Wirtschaftsleben	113 | 16,2 %
Eigentumskriminalität	63 | 9,1 %
Schleusungskriminalität	43 | 6,2 %
Steuer- und Zolldelikte	36 | 5,2 %
Gewaltkriminalität	21 | 3,0 %
Geldwäsche	18 | 2,6 %
Menschenhandel und Ausbeutung	16 | 2,3 %
Cybercrime	15 | 2,2 %
Kriminelle Vereinigung	14 | 2,0 %
Fälschungskriminalität	7 | 1,0 %
Korruption	6 | 0,9 %
Waffenhandel/-schmuggel	5 | 0,7 %
Kriminalität i.Z.m. dem Nachtleben	2 | 0,4 %
Umweltkriminalität	2 | 0,3 %
Sonstige	0 | 0,0%

Tabelle 3: Kriminalitätsbereiche in OK-Verfahren 2021, in Anlehnung an Bundeskriminalamt 2022a, S. 6.

Auffällig ist, dass der Bereich der Drogenkriminalität immer wieder an erster Stelle der Statistiken auftaucht. Bei näherer Betrachtung muss das aber nicht verwundern. Zum einen handelt es sich bei der Drogenkriminalität um einen äußerst lukrativen Bereich. Außerdem haben sich in diesem Bereich seit Jahrzehnten Strukturen gebildet, die immer wieder genutzt werden, um diese Geschäfte durchzuführen. Zum anderen beruhen aber die Erkenntnisse hinsichtlich der Drogenkriminalität darauf, dass in der deutschen Kriminalpolitik dieser Bereich besonders aufmerksam beobachtet und ein besonders großer Verfolgungsdruck hinsichtlich dieser Form kriminellen Verhaltens aufgebaut wird. Daraus resultiert wiederum ein großes Erfahrungswissen, was bei der Verfolgung natürlich nützlich und strategisch wertvoll ist. Es muss deshalb also nicht verwundern, wenn die Strafverfolgungsbehörden im Bereich der Drogenkriminalität mehr Erkenntnisse haben als beispielsweise im Bereich der Produktpiraterie im Zusammenhang mit Organisierter Kriminalität. Dieser Umstand wird durch das sog. Hell- und Dunkelfeldphänomen beschrieben:

> „Das Dunkelfeld der Kriminalität wird für gewöhnlich negativ vom Hellfeld der durch die Strafverfolgung erfassten und statistisch dokumentierten Kriminalität abgegrenzt. Allgemein bezeichnet der Begriff des Dunkelfeldes die Summe jener tatsächlich begangenen Straftaten, die nicht amtlich bekannt geworden sind und dementsprechend nicht in der Kriminalistik in Erscheinung treten. Beim Dunkelfeld geht es also um das unsichtbare und daher „dunkle" kriminelle Verhalten, wobei für die Bestimmung der Sichtbarkeit bzw. Unsichtbarkeit die Perspektive der formellen Instanzen der Sozialkontrolle entscheidend ist, während es auf die Kenntnis der informellen Instanzen nicht ankommt. Zur Bestimmung des Übergangs vom Dunkel- zum Hellfeld wird in der Regel auf die Polizeiliche Kriminalstatistik (PKS) abgestellt und danach gefragt, ob die Tat der Polizei bekannt geworden und durch sie offiziell registriert worden ist." (Münster 2008, S. 348).

In dem Moment, in dem mehr Aufmerksamkeit der Drogenkriminalität gewidmet wird, wird man auch mehr Erkenntnisse über das Ausmaß von Drogenkriminalität finden. Das Phänomen wird also immer mehr ausgeleuchtet, während andere Tätigkeitsbereiche, denen man weniger Aufmerksamkeit widmet, im Dunkeln bleiben. Die Ermittlungserfolge bei Drogenkriminalität beruhen aber auch darauf, dass sich in den letzten Jahrzehnten bundesweit gemeinsame Ermittlungsgruppen (GEG) etabliert haben, die durch ihre interne und externe Koordination und Zusammenarbeit mit weiteren

Kontroll- und Sicherheitsbehörden sowie der Staatsanwaltschaft zu einem Garanten für erfolgreiche Ermittlungen geworden sind (vgl. zu den GEG: Sinn 2018, S. 102f.). In anderen Tätigkeitsbereichen würde man sich eine solche Kooperation wünschen.

Wie sind die Gruppierungen der OK in Deutschland zusammengesetzt?

Die Zusammensetzung der OK-Gruppierungen wird im Bundeslagebild zur OK vom *BKA* für das Jahr 2021 wie folgt beschrieben (BKA 2022a, S. 16): In mehr als zwei Drittel der festgestellten OK-Gruppierungen waren bis zu zehn Tatverdächtige (71,8 %, 2020: 70,7 %) aktiv. In 26,0 % der OK-Verfahren wurden elf bis 50 Tatverdächtige (2020: 27,3 %) sowie in 2,2 % der OK-Verfahren mehr als 50 Tatverdächtige (2020: 2,0 %) registriert. Die kleinste Tätergruppe bestand aus drei Mitgliedern (2020: 3). Die größte Tätergruppe umfasste 182 Personen (2020: 158).

Die größte Anzahl von OK-Gruppieren (261) wird in Deutschland von deutschen Staatsangehörigen dominiert. Ausschlaggebend ist die Staatsangehörigkeit der Person, die innerhalb einer OK-Gruppierung die Führungsfunktion einnimmt. Nicht zwingend muss die Mehrheit innerhalb einer Gruppierung diese Staatsangehörigkeit besitzen. An zweiter Stelle tauchen türkisch (90) gefolgt von albanisch (40), polnisch (34), russisch (23), kosovarisch (20), italienisch (18), ukrainisch (15), libanesisch (15) und serbisch (14) dominierte OK-Gruppierungen auf.

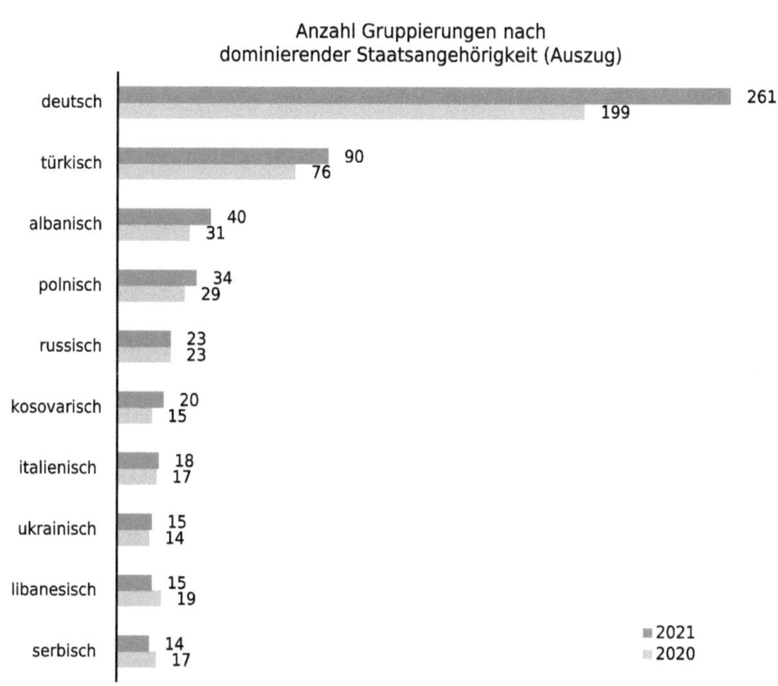

Abbildung 2: Anzahl der OK-Gruppierungen nach dominierender Staatsangehörigkeit (Auszug) 2020/2021, in Anlehnung an Bundeskriminalamt 2022a, S. 16.

Gibt es Zusammenhänge zwischen OK und Clan-Kriminalität?

In der öffentlichen Diskussion wird die sog. Clan-Kriminalität häufig im Zusammenhang mit Organisierter Kriminalität angesprochen. Bei Wikipedia kann man beispielsweise das Folgende lesen: „Als Clan-Kriminalität wird eine Form der organisierten Kriminalität in Deutschland und Schweden bezeichnet; (...).“ (https://de.wikipedia.org/wiki/Clan-Kriminalität Stand 10.07.2023). Diese Gleichsetzung zweier Kriminalitätsphänomene ist nicht richtig. Vielmehr gilt, dass OK-Gruppierungen auch als Clans strukturiert sein können und deren Mitglieder auch schwere Straftaten begehen. Umgekehrt ist jedoch nicht jeder Clan eine OK-Gruppierung und nicht jede aus einem Familienverbund heraus begangene kriminelle Handlung eine OK-typische Straftat.

Die Abgrenzungsschwierigkeiten zwischen OK und Clan-Kriminalität beginnen bei der definitorischen Erfassung. Erst im November 2021 konnte man sich in den polizeilichen Gremien auf eine zweiteilige Definition, die bundesweit abgestimmt ist, einigen (LKA NRW 2022, S. 7):

> „Ein Clan ist eine informelle soziale Organisation, die durch ein gemeinsames Abstammungsverständnis ihrer Angehörigen bestimmt ist. Sie zeichnet sich insbesondere durch eine hierarchische Struktur, ein ausgeprägtes Zugehörigkeitsgefühl und ein gemeinsames Normen- und Werteverständnis aus."

Clan-Kriminalität umfasst das delinquente Verhalten von Clanangehörigen. Die Clanzugehörigkeit stellt dabei eine verbindende, die Tatbegehung fördernde oder die Aufklärung der Tat hindernde Komponente dar, wobei die eigenen Normen und Werte über die in Deutschland geltende Rechtsordnung gestellt werden können. Die Taten müssen im Einzelnen oder in ihrer Gesamtheit für das Phänomen von Bedeutung sein.

Die Zuordnung von Clan-Kriminalität zur Organisierten Kriminalität war bundesweit bis zum Jahr 2022 sehr unübersichtlich, weil das *BKA* zur Erstellung des OK-Lagebildes aus dem Jahr 2021 zum Berichtsjahr 2020 noch nicht auf diese Definition zurückgreifen konnte, sondern aus den zahlreichen, in den Bundesländern verwendeten Indikatoren zur Identifizierung von Clan-Kriminalität einige auswählte, um diese dann zur Identifizierung von Clan-OK zu verwenden (vgl. dazu Sinn 2022, S. 155).

Das *BKA* hat für das Jahr 2021 47 Clan-OK-Verfahren erhoben (2020: 41), wobei mehr als die Hälfte der Verfahren dem Rauschgifthandel/-schmuggel (25) zugeordnet werden konnten (2020: 22). Mit viel Abstand folgen Eigentumskriminalität (6; 2020: 7), Kriminalität i.Z.m. dem Wirtschaftsleben (6; 2020: 3) und Gewaltkriminalität (4; 2020: 0) gefolgt von Geldwäsche (3; 2020: 0), Fälschungskriminalität (2; 2020: 2) und Menschenhandel/Ausbeutung (1; 2020: 0). In keinem Verfahren wurde wegen einer kriminellen Vereinigung ermittelt (2020: 1). Das durchschnittliche OK-Potenzial von OK-Gruppierungen der Clan-Kriminalität betrug im Jahr 2021 52,9 Punkte (2020: keine Angabe). Es lag damit über dem Durchschnittswert aller im Jahr 2021 erfassten OK-Gruppierungen (41,2 Punkte) (BKA 2022a, S. 23 ff.). Diese Daten zeigen, dass die Strafverfolgung im Zusammenhang mit Clan-OK stark tätigkeits- und weniger strukturbezogen erfolgt, denn anders lässt sich nicht erklären, dass von den 47 Clan-OK-Verfahren kein einziges Verfahren wegen der Mitgliedschaft oder Bildung einer kriminellen Vereinigung (§ 129 StGB) geführt wurde. Dabei wurde in fast 53 % der Verfahren wegen

Rauschgifthandel/-schmuggel ermittelt, also in einem Tätigkeitsbereich der OK, in dem die Bildung krimineller Vereinigungen nahe liegt. Mit der Reform des § 129 StGB im Jahr 2017 hat sich ein Paradigmenwechsel zur Erfassung von OK als kriminelle Vereinigung vollzogen (dazu → S. 39 f.), der sich auch auf die Erfassung von Clan-OK auswirkt (näher dazu Sinn 2022, S. 170 f.). Auf der Grundlage der Legaldefinition des Vereinigungsbegriffs in § 129 Abs. 2 StGB können auch Mitglieder von Clans, die organisiert Straftaten begehen, erfasst werden: Das *temporäre Element* im Vereinigungsbegriff („auf längere Dauer") liegt deshalb schon nahe, weil Clan-Kriminalität begriffsnotwendig eine „soziale Organisation, die durch ein gemeinsames Abstammungsverständnis ihrer Angehörigen bestimmt ist" (also i.d.R. ein Familienverband) voraussetzt, die auf Langfristigkeit beruht. Damit ist gleichzeitig auch das Merkmal des Zusammenschlusses belegt. Die Ausprägung als „hierarchische Struktur" ist für das *organisatorische Element* in § 129 Abs. 2 StGB heranzuziehen und das *voluntative Element* („übergeordnetes gemeinsames Interesse") ist belegt, wenn die Clan-Mitglieder gemeinsam ggf. profitorientiert im Verbund zusammenwirken. Besteht dieser Verbund aus mindestens drei Personen, so ist auch das *personale Element* („Zusammenschluss von mehr als zwei Personen") nachgewiesen. Zur *kriminellen* Vereinigung wird ein solcher Verbund dann, wenn dessen „Zweck oder Tätigkeit auf die Begehung von Straftaten gerichtet ist, die im Höchstmaß mit Freiheitsstrafe von mindestens zwei Jahren bedroht sind" (vgl. § 129 Abs. 1 StGB).

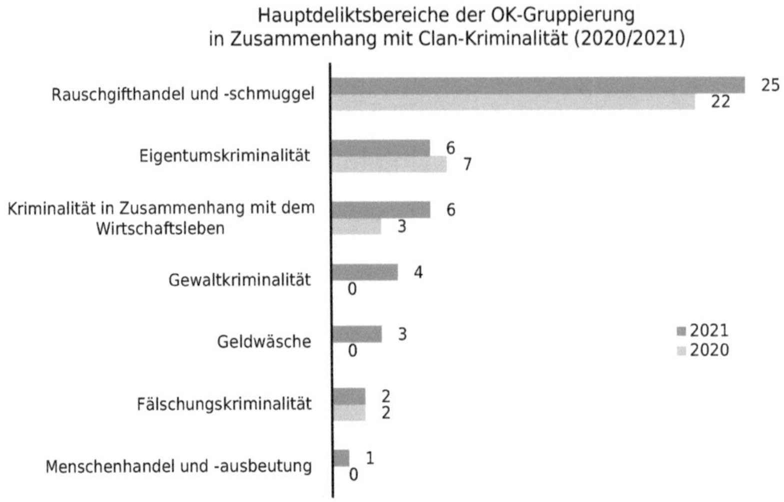

Abbildung 3: Hauptdeliktsbereiche der OK-Gruppierungen in Deutschland in Zusammenhang mit Clan-Kriminalität 2020/2021, in Anlehnung an Bundeskriminalamt 2022a, S. 27.

Gibt es Zusammenhänge zwischen OK und Terrorismus?

Organisierte Kriminalität zielt auf Profit. Mit Terrorismus werden hauptsächlich politische oder ideologische Ziele verfolgt. Beide Kriminalitätsphänomene unterscheiden sich also in erster Linie durch die Motivation zur Straftatbegehung. Deshalb wurde in der Strafverfolgungspraxis, aber auch in der Forschung lange Zeit nicht nach Zusammenhängen zwischen beiden Kriminalitätsphänomenen gesucht. Die Definition der AG Justiz/Polizei aus dem Jahr 1990 schließt Terrorismus sogar ausdrücklich aus. In der Realität konnte man aber durchaus Verbindungen zwischen OK und Terrorismus beobachten. Dies wurden dann als *hybride* Gruppierungen (Sinn 2016, S. 6 f.) oder als *Crime-Terror-Nexus* (Williams, 1998) bekannt.

Europol berichtet im *SOCTA*-Bericht 2021, dass es in der EU kaum Hinweise auf eine systematische Zusammenarbeit zwischen Kriminellen und Terroristen gibt. Außerdem wird angenommen, dass Mitglieder einer OK-Gruppierung wegen der Aufmerksamkeit, die eine solche Zusammenarbeit bei den Nachrichtendiensten und der Polizei erregen könnte, nur ungern mit Terroristen zusammenarbeiten. Wenn es zu Interaktionen zwischen kriminellen und terroristischen Gruppen komme, so seien diese meist transaktionsbezogen. Zu den Bereichen, in denen sich die Interessen von Kriminellen und Terroristen überschneiden und von denen beide Gruppen abhängig sind, gehören die gleichen Quellen für Waffen, gefälschte Dokumente, Finanzen und ein gemeinsamer Pool potenzieller Rekruten (Europol 2021a, S. 25).

Fallbeispiel
Von EUIPO/*Europol* wird berichtet, dass die Strafverfolgungsbehörden in Nordirland bei einer Operation gegen loyalistische Paramilitärs fast fünf Millionen illegale Zigaretten, darunter eine beträchtliche Anzahl von Fälschungen, beschlagnahmt hätten. Die kriminellen Gewinne sollten zur Finanzierung terroristischer Aktivitäten verwendet werden (EUIPO/Europol 2019, S. 30; vgl. a. Europol/EUIPO 2020, S. 81 f.).

Generell lassen sich Verbindungen zwischen Terrorismus und OK eher in Regionen nachweisen, in denen instabile soziale und politische Verhältnisse mit einer schlechten Regierungsführung und Ordnung einhergehen.

Auch wenn die Bedeutung hybrider Gruppierungen in der EU nicht von herausragender Bedeutung ist, bleibt es wichtig, dass Erkenntnisse deliktsübergreifend analysiert werden. Die Spezialisierung der Strafverfolgungs- und Kontrollorgane hat zwar den großen Vorteil, dass dort Expertenwissen zusammengeführt wird. Wie bei jeder Spezialisierung geht das aber mit dem Nachteil mangelnder Flexibilität und Ausgrenzung einher. Diese Nachteile müssen nicht auf Kosten der Spezialisierung kompensiert werden, wenn zwischen den einzelnen Spezialeinheiten Schaltstellen zum Informationsaustausch vorgesehen sind. Es muss sich also durchsetzen, dass die Bearbeitung eines bestimmten Deliktsbereiches auch immer Bezüge zur Organisierten Kriminalität haben kann. Für die klassischen Bereiche, in denen OK aktiv ist, ist das heute eine Selbstverständlichkeit.

Auf internationaler Ebene wird der Verbindung von OK und Terrorismus viel Aufmerksamkeit geschenkt. Im Jahr 2019 verabschiedete der UN-Sicherheitsrat die Resolution 2482, in der die Mitgliedstaaten aufgefordert wurden, die Verbindungen zwischen Terrorismus und Organisierter Kriminalität durch die Verabschiedung politischer Maßnahmen zu bekämpfen.

Onlinetipp

https://www.unodc.org/e4j/en/organized-crime/module-16/key-issues/theoretical-frameworks-on-the-linkages-between-organized-crime-and-terrorism.html (Stand 10.07.2023)

Welche Rolle spielt OK im Zusammenhang mit Wirtschaftsstraftaten?

Das *BKA* hat für das Jahr 2021 im OK-Lagebild 113 Verfahren wegen Kriminalität im Zusammenhang mit dem Wirtschaftsleben erfasst (BKA 2022a, S. 39). Das sind 21 mehr als im Jahr 2020. Ein Grund für diesen Anstieg wird zu Recht in der unrechtmäßigen Beantragung der von der Bundesregierung bereitgestellten Corona-Soforthilfen gesehen (BKA 2022a, S. 32). Diese Entwicklung war vorherzusehen, denn Organisierte Kriminalität zeichnet sich durch eine hohe Flexibilität und Anpassungsfähigkeit aus (→ S. 77 ff.). Als Tätigkeitsbereiche dieser Gruppierungen werden folgende Deliktsgruppen (ohne weitere Spezifizierung) genannt (BKA 2022a, S. 39): Betrug (49 Verfahren), Arbeitsdelikte (36 Verfahren), Anlagedelikte (16 Verfahren), Finanzierungsdelikte (5 Verfahren), Gesundheitsdelikte (4 Verfahren), Sonstige (beispielsweise § 266a StGB, 3 Verfahren). Die durch Organisierte Kriminalität im Zusammenhang mit dem Wirtschaftsleben verursachten Schäden betrugen im Jahr 2021 1.754 Mio. Euro. Das bedeutet, dass allein 79,1 % aller durch OK verursachten Schäden (2.219 Mio. Euro) auf Wirtschaftsstraftaten beruhen (BKA 2022a, S. 13). Auch wenn man den wohl coronabedingten enormen Anstieg der Schadenssumme im Vergleich zum Vorjahr (2020: 450,2 Mio. Euro) außer Acht lässt, so handelt es sich bei den Straftaten im Zusammenhang mit dem Wirtschaftsleben um den dominanten Schadensfaktor. Mehr noch: Kriminalität im Zusammenhang mit dem Wirtschaftsleben ist im Hellfeld auch in Deutschland ertragreicher als der Rauschgifthandel und -schmuggel. Während im Jahr 2021 OK im Zusammenhang mit Wirtschaftsstraftaten 725 Mio. Euro (50,2 %) kriminell erwirtschaftet hat, kommen die Erträge im Bereich des Rauschgifthandels und -schmuggels nur auf 222 Mio. Euro (15,4 %). Prozentual war gleiches auch für das Jahr 2020 festzustellen (BKA 2022a, S. 14). Allerdings darf bei der Interpretation dieser Daten erneut nicht das Hell-Dunkelfeldphänomen vernachlässigt werden (→ S. 82 ff.). Die strafrechtlichen Erscheinungsformen des illegalen Rauschgifthandels und -schmuggels sind Kontrolldelikte. Das bedeutet, dass bei höherem Kontrolldruck und -dichte auch mehr Erkenntnisse erlangt und damit auch mehr Ermittlungserfolge erreicht werden. Bei einer Kontrolldichte von höchstens 5 % aller Warensendungen in Deutschland (→ S. 94 ff.) bleiben also zahlreiche Drogenlieferungen auch im großen Stil unentdeckt. Diese Daten können dann auch nicht in Ertragsstatistiken einfließen.

Schwer tut man sich in Deutschland noch mit der Erfassung von Wirtschaftskriminalität als kriminelle Vereinigung (§ 129 StGB). Dabei sind die Merkmale des Vereinigungsbegriffs seit 2017 auch in Deutschland vor dem Hintergrund internationaler Vorgaben (→ S. 33 f.) eindeutig beschrieben und es besteht kein Zweifel daran, dass derartige Personenzusammenschlüsse bei kriminellen Verhaltensweisen im Zusammenhang mit dem Wirtschaftsleben auch als kriminelle Vereinigungen erfasst werden können. Die Statistiken dazu sind aber insgesamt nicht aussagekräftig und bilden diesen Aspekt nicht ab. Grundsätzlich gilt aber seit der wegweisenden Entscheidung des 3. Strafsenats des Bundesgerichtshofs (3 StR 21/21), dass unter die Legaldefinition der kriminellen Vereinigung auch Zusammenschlüsse aus dem Bereich der Wirtschaftskriminalität fallen können. Erforderlich hierfür ist neben den sonstigen Voraussetzungen, dass der Zusammenschluss ein übergeordnetes gemeinsames Interesse verfolgt. Lediglich individuelle Einzelinteressen der Mitglieder der Gruppierung sollen dafür nicht genügen. Das gemeinsame Interesse muss insbesondere über die bezweckte Begehung der konkreten Straftaten und ein Handeln um eines persönlichen materiellen Vorteils willen hinausgehen.

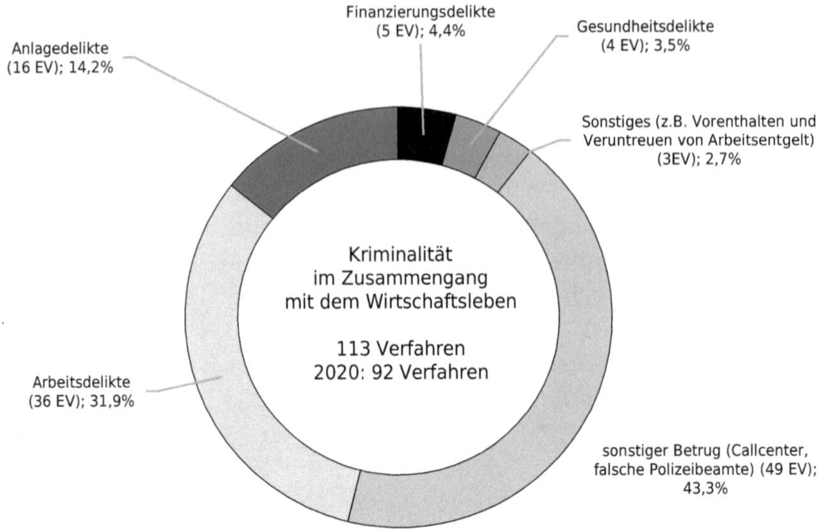

Abbildung 4: Kriminalität im Zusammenhang mit dem Wirtschaftsleben in Deutschland 2020/2021, in Anlehnung an Bundeskriminalamt 2022a, S. 39.

Welche Trends der OK lassen sich gegenwärtig beobachten?

Aus den verschiedenen Datenquellen lassen sich sechs Trends zur Organisierten Kriminalität ableiten:

1. Netzwerke vs. Hierarchien

In der Europäischen Union agieren 60 % aller OK-Gruppierungen in fließenden Netzwerkstrukturen und 40 % in Hierarchien. Die Bedeutung der Netzwerke liegt in deren Flexibilität, Anpassungsfähigkeit und Dynamik (dazu → S. 41).

2. Binnenproduktion

Alle Arten illegaler Waren müssen, wenn sie auf den legalen oder illegalen Märkten der EU gehandelt werden sollen, die EU-Außengrenzen passieren. Dabei ist die Kontrolldichte in Deutschland mit ca. 5% hoch im Vergleich zu beispielsweise Spanien mit 0,5 % (Sinn 2018, S. 41). Um einer, wenn auch geringen Kontrolldichte aus dem Weg zu gehen, werden bestimmte illegale profitable Produktionen mehr und mehr in den EU-Binnenraum verlagert. Nachweisbar ist dies insbesondere im Zusammenhang mit der Produktion illegaler Tabakprodukte (vgl. z.B. BGH NStZ 2018, S. 328). Beim illegalen Handel mit Tabak und Zigaretten handelt es sich um einen sehr lukrativen Bereich, in dem sich auch Organisierte Kriminalität betätigt. Das gilt insbesondere für Deutschland, wie die Daten des *BKA* aus dem Jahr 2022 belegen. Im Lagebild zur Organisierten Kriminalität für das Jahr 2021 wird ausgewiesen, dass 50 % aller OK-Verfahren im Bereich der Steuer- und Zolldelikte (BKA 2022a, S. 41) mit dem illegalen Zigarettenhandel in Zusammenhang stehen. Die Binnenproduktion von illegalen Zigaretten hat in der EU zugenommen (EUIPO/Europol 2019, S. 9, 30 f.; EUIPO/Europol 2022, S. 27; Europol 2021a, S. 64). Allein in den Jahren 2017 und 2018 wurden in der EU nach den Angaben von EUIPO/*Europol* 74 illegale Fabriken ausgehoben, was zur Verhaftung von 244 Verdächtigen und zur Beschlagnahmung von 429 Mio. gefälschten Zigaretten führte. Die Produktion fand in mindestens 14 EU-Mitgliedstaaten statt. EUIPO/*Europol* nehmen an, dass die intensiven Strafverfolgungsaktivitäten in den Mitgliedstaaten in Mittel- und Osteuropa in den letzten Jahren die illegale Tabakproduktion zumindest teilweise nach Westeuropa verlagert haben (EUIPO/Europol, 2019, S. 30). Gegenwärtig wird davon ausgegangen, dass die illegale Produktion in mehreren Mitgliedstaaten, darunter Belgien, Bulgarien, Deutschland, Spanien, Ungarn, die Niederlande und Polen stattfindet (EUIPO/Europol 2022, S. 27). Die Tendenz einer illegalen EU-Binnenproduktion sowie des Handels hält an. Exemplarisch dafür steht folgender Fall:

Im Januar 2022 wurden in Slowenien Produktionsstätten aufgespürt, die sich in Lagern in abgelegenen Gebieten des Landes befanden. Insgesamt wurden in Slowenien über 26 Tonnen Tabak, 29 Mio. Filter, mehrere Maschinen für die Zigarettenherstellung und zehn Tonnen bedrucktes Verpackungspapier beschlagnahmt. Die Menge an Zigaretten, die mit den beschlagnahmten Waren hätte hergestellt werden können, hätte auf dem französischen Markt einen Wert von 13 Mio. Euro gehabt. Die Tabakprodukte waren für den französischen Markt bestimmt (vgl. https://www.europol.europa.eu/media-press/newsroom/news/production-line-of-counterfeit-cigarettes-flooding-french-market-dismantled-in-slovenia Stand 10.07.2023).

Die Verlagerung der illegalen Produktion in den EU-Raum, wie bei Zigaretten beschrieben oder auch wie bei Maschinen- und Anlagenteilen zu beobachten, muss nicht verwundern, denn damit gehen einige Vorteile für die beteiligten Gruppen der Organisierten Kriminalität einher. Insbesondere verringert sie das Risiko einer Beschlagnahme bei Grenzkontrollen. Röntgengeräte können Rohtabak nicht von anderen landwirtschaftlichen Rohprodukten unterscheiden, während Zigaretten ein typisches Röntgenbild haben.

3. Nutzung legaler Geschäftsstrukturen

Europol berichtet, dass mehr als 80 % der in der EU aktiven kriminellen Netze legale Unternehmensstrukturen für ihre kriminellen Aktivitäten nutzen (Europol 2021a, S. 11). Etwa die Hälfte aller kriminellen Netzwerke bauen ihre eigenen legalen Unternehmensstrukturen auf oder infiltrieren Unternehmen auf hohem Niveau. Die kriminellen Akteure nutzen die legalen Geschäftsstrukturen (Unternehmen oder andere Einrichtungen), um praktisch alle Arten von kriminellen Aktivitäten zu erleichtern.

Die Nutzung legaler Geschäftsstrukturen und Unternehmensformen ist nichts neues, wenn es beispielsweise um Umsatzsteuerkarusselle geht, bei denen das „Geschäftsmodell" zur Steuerhinterziehung ohne die legalen Strukturen nicht funktionieren kann. Aber die Daten im jüngsten *SOCTA* (2021) lassen aufhorchen, denn das bedeutet, dass hinter der Fassade legaler Unternehmen eine kriminelle Schattenwirtschaft in einem Ausmaß betrieben wird, die bisher unterschätzt wurde. Durch die Nutzung der legalen Unternehmensstrukturen gelingt es den kriminellen Akteuren, ihre kriminellen Aktivitäten zu verschleiern und sie entziehen sich der Aufmerksamkeit der Strafverfolgungsorgane. Legale Geschäftsstrukturen werden als Instrumente genutzt und missbraucht, um kriminelle Kerntätigkeiten auszuführen, wie z.B. die Nutzung von Abfallentsorgungsunternehmen für Abfall- und Umweltverschmutzungsdelikte. In anderen Fällen werden legale Unternehmensstrukturen als Mantelgesellschaften für Geldwäschezwecke und andere unterstützende Funktionen genutzt (Europol 2021a, S. 21). Dabei werden häufig Gelddienstleistungsunternehmen, Offshore-Gesellschaften und bargeldintensive Unternehmen, die unter anderem im Gastgewerbe und im Einzelhandel tätig sind, zum Verschieben und Waschen illegaler Gewinne genutzt. Währungstransaktionen werden genutzt, um kriminelle Erlöse in die legale Wirtschaft zu schleusen (Europol 2021a, S. 24). Legale Geschäftsstrukturen sind auch ein wesentlicher Bestandteil des Handels mit gefälschten Waren, der nicht selten mit der Fälschung von Handelsdokumenten im Zusammenhang steht (Europol 2021a, S. 78). Auch der Handel mit gestohlenen Fahrzeugen und Fahrzeugteilen wird in legalen Geschäftsstrukturen betrieben. Zu den Vertriebskanälen gehören offizielle Autohändler, Gebrauchtwagenhändler, Kfz-Werkstätten sowie Messen oder inoffizielle Werkstätten. Gestohlene Fahrzeuge und Teile werden zunehmend online über eine Vielzahl von Plattformen, einschließlich sozialer Medien, verkauft (Europol 2021a, S. 87).

4. Parallelökonomie

Die Organisierte Kriminalität ist durch ein illegales Angebot an Waren und Dienstleistungen geprägt. Deshalb baut die OK illegale Parallelstrukturen zu legalen Märkten auf. Dabei werden die Waren und Dienstleistungen nicht nur auf dem *schwarzen Markt* oder im *Darknet* angeboten. Vielmehr werden zur Täuschung von Zwischenhändlern, Endabnehmern und Verbrauchern eine scheinbar legale Produktion und Vertrieb vorgetäuscht. Die angebotenen illegalen Waren und Dienstleistungen werden den Rahmenbedingen ständig angepasst und bei Bedarf wird die Produktpalette ausgeweitet. Die Akteure folgen dem Prinzip von Angebot und Nachfrage. Diese Parallelstrukturen können als Gefahr auf die legalen Märkte und die Lieferketten wirken, wenn die legale Lieferkette durch die Infiltration mit illegalen Produkten (Ausgangsstoffen, Maschinenteilen etc.) geschwächt wird oder in Konkurrenz zur legalen Lieferkette tritt, wie beispielsweise bei illegalen Fake-online-Shops, wie sie massenhaft im Zusammenhang mit Arzneimitteln festzustellen sind, aber auch im Handel mit gefälschten Maschinenteilen im rein unternehmerischen Geschäftsbetrieb beobachtet werden konnten. So muss es nicht verwundern, dass gerade im Bereich der Produktfälschungen die Nutzung legaler Firmenstrukturen ein integraler Bestandteil (Europol 2021a, S. 78) von OK-Strukturen ist. Die Nutzung legaler Firmenstrukturen und der Aufbau einer Parallelökonomie sind also eng miteinander verzahnte Phänomene.

Paradigmatisch für organisiert-kriminelle Parallelstrukturen, deren hohe Effizienz und ihr ausgeprägtes Organisationsniveau steht der sog. *Potsdam-Komplex* (Sinn 2019, S. 876 ff.; vgl. a. BGH 5 StR 516/15):

Die drei Haupttäter begannen Ende 2006/Anfang 2007 mit dem gewerbsmäßigen Vertrieb von gefälschten Arzneimitteln (insbesondere sog. Lifestyle-Medikamente; vorwiegend potenzsteigernde Mittel und Schlankheitsmittel). Die illegale Ware wurde aus der Tschechischen Republik, später auch aus Deutschland und Spanien verschickt. Der Vertrieb erfolgte über einen Online-Versandhandel mit Seiten, die ein legales Geschäftsmodell vortäuschten. Die Gruppierung ging arbeitsteilig und spezialisiert vor. Europaweit gab es mehrere Lagerhäuser für die illegalen Geschäfte. Außerdem wurde das kriminelle Netzwerk so ausgebaut, dass freiberufliche Werber die technische Möglichkeit hatten, sich im Internet als sogenannte Webmaster/Affiliates zu registrieren. Die Gruppierung zeichnete sich durch einen hohen Organisationsgrad, große Flexibilität und kollaboratives Zusammenwirken bei starkem Gewinnstreben aus. Sie erwirtschaftete in zweieinhalb Jahren ca. 21 Mio. Euro Umsatz.

Im Bereich der organisierten Geldäsche hat sich nach Angaben von *Europol* eine parallele illegale Finanzwelt entwickelt, die entsprechend den legalen Finanzdienstleistern strukturiert ist und agiert, aber einzig zu dem Zweck errichtet wurde, illegale Gewinne zu waschen. Heute existiert ein Schattenfinanzsystem, um Transaktionen und Zahlungen abzuwickeln, die von den Kontrollmechanismen des legalen Finanzsystems abgeschnitten sind. Dieses parallele System stellt sicher, dass die kriminellen Erlöse als Teil einer ausgeklügelten kriminellen Wirtschaft nicht zurückverfolgt werden können (Europol 2021a, S. 11). Zwar ist die Geldwäsche kein neues Phänomen und seit Jahrzehnten steht es auf der Tagesordnung europäischer Kriminalpolitik. Allerdings geht selbst *Europol* davon aus, dass das Ausmaß und die Komplexität der Geldwäscheaktivitäten in der EU bisher unterschätzt (Europol 2021a, S. 11) wurden.

5. Poly-Crime

Seit Jahren ist bekannt, dass eine Vielzahl von Gruppierungen der Organisierten Kriminalität sich nicht nur auf einen illegalen Markt beschränken, sondern deliktübergreifend auf mehreren Märkten agieren, um kriminelle Profite zu erwirtschaften (Poly-Kriminalität). Auf dem Gebiet der EU sind 40 % der OK-Gruppierungen (Europol 2021a, S. 18) in verschiedenen Kriminalitätsbereichen aktiv, in Deutschland sind es 30 % (BKA 2022a, S. 36). Zwar ist der EU-Trend leicht rückläufig im Vergleich mit dem Jahr 2017 (45 %) und auch in Deutschland waren im Jahr 2020 noch 32 % (Europol 2017, S. 15; BKA 2022a, S. 36) aller OK-Gruppierungen in mehreren Kriminalitätsbereichen aktiv, aber eine Trendwende ist damit nicht zu verbinden.

Der Grund für die polykriminelle Ausrichtung von OK-Gruppierungen liegt in den Vorteilen, die diese Mehrfachbetätigungen für die kriminellen

Akteure mit sich bringen, um Risiken zu mindern, Betriebskosten zu senken, Know-how und Erfahrung mehrfach einzusetzen und Gewinnmargen zu erhöhen. Die deliktsübergreifenden kriminellen Aktivitäten hängen dabei zum einen insoweit zusammen, als eine kriminelle Aktivität eine andere unterstützt. Das ist zum einen der Fall, wenn eine OK-Gruppierung gefälschte Dokumente herstellt, um ihre gefälschten Waren als legal zu verkaufen. Zum anderen werden die kriminellen Aktivitäten parallel organisiert. In diesen Fällen sind zwar die Deliktsbereiche voneinander relativ unabhängig. Eine Verbindung wird zwischen ihnen aber beispielsweise dadurch hergestellt, dass dieselbe Route oder Transportmethode für den Handel mit gefälschten Waren und anderen illegalen Produkten genutzt werden. Grundsätzlich kann deshalb davon ausgegangen werden, dass eine Ausweitung krimineller Infrastruktur in einem Kriminalitätsfeld auch für andere genutzt werden wird. Dementsprechend bringt ein Anstieg in einem Kriminalitätsfeld absehbar Anstiege in anderen Feldern mit sich. Wo Anreize bestehen, kriminelle Infrastruktur zu schaffen, gibt es zahlreiche entsprechende Anreize, diese auch zu nutzen.

Der Trend *Poly-Kriminalität* zeigt die hohe Flexibilität, Anpassungsfähigkeit und den Organisationsgrad von organisierter Kriminalität. Durch mehrere Betätigungsfelder ist es nicht nur möglich, Synergieeffekte zu erzielen, Vielmehr ermöglicht diese Diversifizierung auch, einem möglichen Verfolgungs- und Kontrolldruck auf einem spezifischen illegalen Markt ausweichen zu können. Illegale Geschäfte werden also nicht aufgegeben, sondern Aktivitäten werden verlagert und Risiko wird minimiert.

6. Crime-as-a-Service (CaaS)

Mit dem Trend hin zu losen Netzwerken (→ S. 41) geht auch die zunehmende Verbreitung des Geschäftsmodells *Crime-as-a-Service* einher (näher dazu → S. 65). Dabei geht es darum, dass kriminelle Netze und einzelne kriminelle Akteure kriminelle Aktivitäten als Dienstleistung speziell im virtuellen Raum (Internet, Social Media, Deep Web etc.) anbieten. Angeboten werden alle Arten von kriminellen Dienstleistungen, angefangen bei der Bereitstellung von technischen Anwendungen für Cyber-Kriminalität bis hin zu Geldwäschediensten. Aufzufinden sind diese Dienstleistungen insbesondere auf *Darknet*-Plattformen. CaaS ein herausragendes Merkmal des cyberkriminellen Untergrunds und stellt einen Querschnittsfaktor in allen Teilbereichen der Cyber-Kriminalität dar (Europol IOCTA 2021, S. 17).

CaaS ist ein vielschichtiges und komplexes Phänomen, weil die kriminellen Dienstleister sowohl in ein kriminelles Netzwerk eingebettet sind oder unabhängig operieren können. Im letzteren Fall operieren sie als Geldvermittler, Auftragskiller, Anwälte, Buchhalter, Informations- und Kontaktvermittler, Dokumentenfälscher, Anbieter von technischen Verschlüsselungslösungen und anderen mehr (Europol 2021a, S. 20). Sie sind dann zwar Kontaktpunkt in einem Netzwerk, aber nicht Mitglied einer bestimmten OK-Kerngruppierung.

Sind die Duisburger-Mafia-Morde symptomatisch für OK in Deutschland?

Der Fall

Nach dem Ende einer Geburtstagsfeier in einem italienischen Restaurant in Duisburg wurden sechs der Gäste in den frühen Morgenstunden des 15. August 2007 mit 54 Schüssen in ihren Autos erschossen. Diese Morde waren der blutige Höhepunkt einer Fehde zweier verfeindeter Familien der Mafia-Organisation *'Ndrangheta*. Das Schwurgericht von Locrì in Kalabrien hat den Haupttäter im Jahr 2011 zu lebenslanger Haft verurteilt (vgl. https://www.sueddeutsche.de/panorama/duisburger-mafia-morde-54-schuesse-rache-1.1119489 Stand 10.07.2023).

Nach gegenwärtigen Erkenntnissen sind von den für 2021 vom *BKA* erhobenen OK-Gruppierungen 16 der italienischen Organisierten Kriminalität (IOK) zuzuordnen. Im Jahr 2020 waren es noch elf Gruppierungen. Vier Gruppierungen konnten der *'Ndrangheta*, drei der *Camorra* und eine der *Cosa Nostra* zugeordnet werden. Bei den verbleibenden acht Gruppierungen ist eine Zuordnung nicht möglich oder die Angaben wurden nicht erhoben (BKA 2022a, S. 20). Jedenfalls im Hellfeld der polizeilichen Erkenntnisse spielt die italienische OK keine dominierende Rolle. Es ist aber von einem hohen Dunkelfeld auszugehen, denn u.a. auf der Grundlage der EncroChat-Erkenntnisse (→ S. 130 f.) konnten die Strafverfolgungsbehörden aus 10 Ländern im Mai 2023 erfolgreich eine gemeinsame Aktion gegen Mitglieder der *'Ndrangheta* durchführen. 132 Mitglieder eines der mächtigsten kriminellen Netzwerke der Welt wurden in Gewahrsam genommen (vgl. https://www.europol.europa.eu/media-press/newsroom/news/132-ndrang

heta-mafia-members-arrested-after-investigation-belgium-italy-and-germany Stand 10.07.2023).

Das Ausmaß der Gewalt, die Planung und die Vorgehensweise, die mit dem Duisburger-Mafia-Mord-Fall verbunden ist, ist nicht symptomatisch für die in Deutschland agierende OK. Zwar wird insgesamt auf EU und auch auf nationaler Ebene mit Sorge zur Kenntnis genommen, dass OK-Gruppierungen mehr und mehr bereit sind, mit z.T. drastischen Mitteln Gewalt- bzw. Einschüchterungshandlungen vorzunehmen. Mehrheitlich dienen diese dazu, nach innen und außen Macht zu demonstrieren und Einfluss zu nehmen, indem z.B. Zeugen eingeschüchtert oder beeinflusst werden sowie um *Schulden* einzutreiben. Damit steigt auch die Gefahr von bewaffneten Auseinandersetzungen, die durchaus auch im öffentlichen Raum ausgetragen werden können (BKA 2022a, S. 50). Das Ausmaß der Gewalt bei den Duisburger Morden war allerdings eine Machtdemonstration, welche die kriminelle Organisation eher destabilisierte, als sie nach außen und innen zum Bestand der Struktur beigetragen hat. Auch war diese Gewalteskalation den illegalen Aktivitäten kaum dienlich, weil sich nach der Tat der Strafverfolgungsdruck national und international stark erhöht hatte.

Zwischen 1990 und 2021 wurden nach Kenntnis des *BKA* in Deutschland 23 Tötungsdelikte mit 30 Opfern mit IOK-Zusammenhang bzw. mit mutmaßlichem IOK-Zusammenhang bekannt (vgl. BT-Drs. 19/32208, S. 4).

Abschnitt 5: Das Bedrohungspotenzial der OK | Marcel P. Iden

OK muss klar von beispielsweise der Kriminalität von Einzelpersonen abgegrenzt werden, denn mit der OK geht ein deutlich höheres Bedrohungspotenzial einher. Schließlich kann OK zum einen eine Eigendynamik entwickeln, im Extremfall sogar staatsgefährdend sein und zum anderen aber auch Strafttaten in bestimmten Bereichen erwartbarer werden lassen.

Was unterscheidet OK so sehr von anderen Kriminalitätsformen?

Auf den ersten Blick unterscheidet sich die Natur der üblicherweise mit OK in Verbindung gebrachten Strafaten nicht von jenen, die auch von Banden, Mittätern und Einzelpersonen begangen werden. Auch werden die schwersten Taten wie Mord und Totschlag nicht typischerweise von Mitgliedern der OK, sondern in der Regel von Einzelpersonen begangen. Allerdings gibt es Kriminalitätsbereiche, in denen die OK typischerweise aktiv ist, wie beispielsweise der illegale Betäubungsmittelmarkt oder der Waffenhandel. Die Besonderheit der OK liegt aber weniger in den illegalen Märkten, auf denen OK aktiv ist, sondern vielmehr in dem Zusammenschluss, aus dem heraus die OK-Mitglieder Straftaten begehen. Dieser Zusammenschluss von Personen ist durch Besonderheiten gekennzeichnet wie Eigendynamik, Machtbündelung, Arbeitsteiligkeit und Organisation. Deshalb ist auch der Zusammenschluss von mindestens drei Personen unter den in § 129 StGB (kriminelle Vereinigung) weiteren genannten Bedingungen bereits strafbar, um die besondere Organisationsgefahr einer solchen Gruppierung zu erfassen.

Was ist die Eigendynamik der OK?

Unter der Eigendynamik einer kriminellen Vereinigung versteht man die Summe der gruppenpsychologischen Effekte, die sich aus der Interaktion ihrer Mitglieder und der besonderen Natur einer abgeschotteten Gruppierung ergibt, die ein gemeinsames (kriminelles) Ziel verfolgt, und die ihre Mitglieder zu Handlungen treibt, die sie als Individuum unter Umständen nicht getätigt hätten.
Diese Dynamiken entspringen vor allen aus dem individuellen Bedürfniss eines Menschen nach Zugehörigkeit und Konformität. In einer Gruppe tendieren Mitglieder aus diesem Grund dazu, sich mit den Einstellungen, Entscheidungen und Handlungen der Gruppe konform zu verhalten. Hierbei können die Gewissensentscheidung und das Gefühl individueller Verantwortung des Einzelnen negativ beeinflusst

oder sogar teilweise ausgeschaltet werden. Auch kann eine Art der Verantwortungsdiffusion bzw. Verlagerung auf die Gruppe stattfinden, bei der das Individuum sich weniger stark durch die Normansprüche der Gesellschaft in die Pflicht gesehen sieht. Besonders kritisch ist dieser Effekt, wenn das Gruppenmitglied die Bedeutung der Gruppe und ihrer Interessen über die eigenen stellt und infolgedessen bereit ist, unter dem Einfluss der anderen Handlungen auszuführen, die es als Einzelperson nicht getan hätte.

Zwei besonders prägende Beispiele von deartigen Beeinflussungseffekten – anhand derer sich auch die Eigendynamik der OK verdeutlichen lassen – finden sich in der psychologischen Forschung in Gestalt der Experimente von *Milgram* und *Ash*. Beide demonstrieren auf eingehende Art und Weise wie ein Individuum in dessen Einschätzungsvermögen beeinflusst und sogar zu kriminellen Hanldungen gebracht werden kann. Im *Milgram-Experiment* vermochte die Anwesenheit und das Drängen einer scheinbaren Autoritätsperson Probanden dazu zu bringen einem weiteren Probanden Stromströße zu versetzten, deren Intensität tödlich hätte sein können. Das *Ash-Experiment* verdeutlicht, wie die Einschätzung von anderen in einer Gruppe einen Probanden dazu brachte, seine eigene Ansicht im Einklang mit denen der Gruppe zu verändern. Diese Art von Gruppendynamiken enstehen bei nahezu jedem Zusammentreffen von Menschen, können sich aber besonders dann als gefährlich erweisen, wenn sie dazu führen, dass das Gewissen des Individuums durch Autorität überlagert wird, oder durch die Entscheidungsprozesse in Gruppen (*Groupthink*) die Gruppe Handlungen begeht, die sie als Individuum nicht getan hätte (vgl. Sinn/Iden/Pörtner 2021, S. 442 f.).

Was ist die Organisationsgefahr der OK?

Unter Organisationsgefahr versteht man den Qualitätssprung und die erhöhte Effektivität einer kriminellen Vereinigung im Vergleich zu nicht organisierten Gruppen oder Einzelpersonen. OK zeichnet sich in besonderem Maße durch gerade diese besondere Qualität des kriminellen

Potenzials aus, da sie durch organisierte Strukturen eine Potenzierung ihrer indivuellen kriminellen Fähigkeiten erreichen. Es gilt das Prinzip, dass das Ganze mehr ist als die Summe seiner Teile.

Dies drückt sich bereits in seiner Etymologie aus: Der Begriff der *Organisation* geht auf das Wort *organisieren* („planmäßig ordnen"), das lateinische *organum* („Werkzeug") und das französische *organe* („zu einem lebensfähigen Ganzen zusammenfügen") zurück. Eine Organisation liegt also vor, wenn verschiedene Elemente – in diesem Fall Menschen, ihre Fähigkeiten und Ressourcen – in einen verbindenden sozialen Rahmen oder Struktur eingebunden werden und so ein neues Ganzes bilden. Dieser verbindende Rahmen wiederum beruht sozialen Kräften zwischen den Akteuren, insbesondere auf Arbeitsteilung, Koordination und internen Regeln, die die verschiedenen Individuen einem gemeinsamen Ziel unterwerfen.

Was diese Verbindung so gefährlich macht, ist, dass diese koordinierte, zielgerichtete Zusammenarbeit bewirkt, dass die Gruppe eine neue Qualität in ihren Fähigkeiten erlangt, die sie über das individuelle Niveau ihrer Mitglieder hinaushebt. Diese höhere Qualität der kriminellen Fähigkeiten zeigt sich in Form von größerer Flexibilität, Mobilität und Anpassungsfähigkeit sowie verbesserten Fähigkeiten für groß angelegte Operationen, Spezialisierung und Widerstand gegen Strafverfolgungsmaßnahmen (vgl. Sinn/Iden/Pörtner 2021, S. 444 ff.).

Was versteht man unter der „Erwartbarkeit von Straftaten" im Zusammenhang mit OK?

Ein gesteigertes kriminelles Potenzial bzw. ein erhöhtes Machtpotenzial der OK ist unmittelbare Folge der Organisation. Mit ihr geht die „Erwartbarkeit von Straftaten" einher. Hierbei handelt es sich um das Prinzip, das die erhöhte faktische Bedrohung durch OK mit seiner besonderen rechtlichen Behandlung (etwa im Wege von Vorfeldstrafbarkeiten durch § 129 StGB) begründet. Es lässt sich in dem Satz zusammenfassen, dass aufgrund der erhöhten Qualität der kriminellen Fähigkeiten einer OK-Gruppierung die Begehung von Straftaten nunmehr kein bloß

unsicheres und unter Umständen denkbares, sondern vielmehr ein erwartbares Ereigniss ist (vgl. zum Ganzen Sinn/Iden/Pörtner 2021, S. 435 ff., 445 ff.).
Während bei Einzelpersonen und nicht organisierten Mehrtätergruppierungen die Begehung von Straftaten in einem deutlich erhöhteren Maße von externen Faktoren – insbesondere günstigen Gelegenheiten – abhängig ist, kann die OK selbstständig auf ihre Tatgelegenheiten hinwirken. Obgleich OK selbstverständlich auch Zufälle (etwa die Corona-Pandemie 2020; vgl. Europol, 2021a) für ihre Zwecke ausnutzt, ist ihr gesamter Arbeitprozess in der Lage, proaktiv Gelegenheiten für kriminellen Profit zu erschaffen, insbesondere neue kriminelle Märkte und Lieferketten ins Leben zu rufen und bestehende Märkte zu vergrößern. Diese Zielrichtung und Fähigkeit führt somit geradzu zwangsläufig zu Straftaten, sobald sich eine OK-Gruppierung zusammengeschlossen hat und ungestört arbeiten kann.

Kann OK staatsgefährdend sein?

Ein grundsätzlicher und zentraler Unterschied zwischen OK und *politisch motivierter Kriminalität* (PMK) bzw. Terrorismus ist der Zweck der Straftatbegehung: OK agiert profitorientiert, während PMK mit den Mitteln der Gewalt und Bedrohung eine Änderung des politischen Systems herbeiführen will. Prinzipiell ist OK damit nicht politisch und staatsgefährend. Jedoch gibt es zwei Fälle, in denen dieser Grundsatz Ausnahmen hat: Erstens kann OK aufgrund ihrer immanenten Organisationsgefahr und dem resultierenden kriminellen Potenzial ein solches Ausmaß erreichen, dass sie in Konkurrenz zu staatlichen Strukturen treten, oder diese sogar gänzlich unterwandern und beiseiteschieben. In diesem Fall wird der Geltungsanspruch der staatlichen Ordnung und des Gewaltmonopols konterkariert und es bauen sich *subkulturelle parallele Herrschaftssysteme* auf. Insbesondere in manchen Gegenden Lateinamerikas sowie zu den Hochzeiten der italienischen Mafia im 20. Jahrhundert war dies zu beobachten. Zweitens können sich Gewinn- und politische Interessen in einer Gruppierung treffen und bündeln, wie dies bei den *Hybriden* (→ S. 42) zu beobachten ist. In Randbereichen lassen sich also PMK und Terrorismus nicht immer klar von OK abgrenzen (vgl. Europol 2021a, S. 25 f.).

Abschnitt 6: Die rechtliche Erfassung der OK | Arndt Sinn und Yari Dennhardt

Neben der definitorischen Erfassung soll und kann die OK auch strafrechtlich erfasst werden. Der Gesetzgeber hat für die Bewältigung der OK materiell-rechtliche und strafprozessuale Vorschriften geschaffen, die eine umfassende Verfolgung ermöglichen sollen. Welche nationalen und internationalen Ansätze verfolgt werden, ob diese Konzepte eine effektive OK-Bekämpfung ermöglichen und mit welchen Problemen das derzeitige OK-Bewältigungskonzept verbunden ist, zeigt dieser Abschnitt.

I. Die materiell-rechtliche OK-Erfassung

Wie wird OK auf internationaler Ebene rechtlich erfasst?

Die Erfassung von OK auf internationaler Ebene und über den EU-Raum hinaus beruht zu wesentlichen Teilen auf internationalen Abkommen der Vereinten Nationen, die sich sowohl unmittelbar als auch indirekt mit der Bekämpfung von OK befassen. Herausragend ist das sogenannte *Palermo-Übereinkommen* (UNTOC) aus dem Jahr 2000. Vor dem Hintergrund der grenzüberschreitenden Gefahren transnationaler Kriminalität wurde 2000 erstmals eine internationale Grundlage für das Verständnis und die Bekämpfung der OK geschaffen. Neben begrifflichen Vorgaben (dazu → S. 34) sieht das Übereinkommen auch eine Reihe von Verpflichtungen der Unterzeichnerstaaten vor, um Prävention und Repression im Zusammenhang mit OK international auf einer gemeinsamen Grundlage voranzutreiben. So verpflichten sich die Unterzeichnerstaaten, insbesondere die Mitgliedschaft in einer organisierten kriminellen Gruppe in ihrer Rechtsordnung für strafbar zu erklären sowie gewisse Mindeststandards bei der Bekämpfung von Korruption und Geldwäsche einzuhalten. Ferner werden ausdrücklich in drei Zusatzprotokollen Maßnahmen gegen die Schleusung von Migranten, der Menschenhandel und die unerlaubte Herstellung und der Handel mit Schusswaffen vereinbart. Dem Abkommen gehören 191 Staaten an (Stand 02.05.2023). Die Bundesrepublik Deutschland unterzeichnete es im Jahr 2000 und ratifizierte es 2005. Auf Ebene der Vereinten Nationen ist außerdem das Übereinkommen gegen den unerlaubten Verkehr mit Suchtstoffen und psychotropen Stoffen (*Suchtstoffübereinkommen*) von 1988 zu nennen, welches von Deutschland 1993 ratifiziert wurde. Das Übereinkommen verpflichtet unter Verweis auf die zahlreichen OK-Strukturen im Bereich des internationalen Drogenhandels zur umfassenden strafrechtlichen Verfolgung des unerlaubten Verkehrs mit Betäubungsmitteln in allen Erscheinungsformen und damit verbundener Geldwäscheaktivitäten sowie zur Einziehung der hierbei erzielten Erlöse. Relevant ist außerdem das *Übereinkommen der Vereinten Nationen gegen Korruption* (UNCAC), welches zur Förderung und Verstärkung von Maßnahmen zur wirksamen Verhütung und Bekämpfung der Korruption sowie der Verbesserung internationaler Zusammenarbeit im Jahr 2003 geschlossen und von Deutschland im Jahr

2014 ratifiziert wurde. Der OK-Bekämpfung gelten außerdem jene Teile des *Seerechtsübereinkommens der Vereinten Nationen* (UNCLOS) von 1982, die sich auf Piraterie beziehen. Dazu werden in Artikel 101 der UNCLOS der Tatbestand der Piraterie definiert und die Vertragsstaaten verpflichtet, wirksame Bekämpfungsmechanismen in ihren nationalen Regelungen zu etablieren. Seiner Natur nach lässt sich *Piraterie* regelmäßig unter den OK-Begriff fassen, deren Bewältigung in besonderem Maße von internationaler Kooperation abhängig ist. Auch die zahlreichen Resolutionen der Vereinten Nationen, welche sich unmittelbar oder im Rahmen bestimmter Phänomenbereiche (z.B. Menschenhandel, VN-Dok. A/RES 77/194 oder illegaler Handel mit Edelmetallen, VN-Dok. E/RES 2019/23) mit der OK beschäftigen, unterstreichen die hohe Bedeutung, die der OK-Bekämpfung grundsätzlich auf internationaler Ebene beigemessen wird.

Ein weiteres Beispiel für internationale Übereinkommen, die im Rahmen einer deliktsbezogenen Ausrichtung mittelbar einen Beitrag zur Verfolgung der OK leisten, ist das *Budapest-Übereinkommen* (*Cybercrime-Konvention*) von 2001, welches durch Deutschland im Jahr 2009 ratifiziert wurde. Die Konvention ist ein internationales Abkommen, das der Harmonisierung nationalen Rechts im Bereich Computerkriminalität dienen soll. Ziel ist es also, den rechtlichen Rahmen für eine gemeinsame Kriminalpolitik zu schaffen, die auf den Schutz der Gesellschaft vor Cyber-Kriminalität abzielt. Dies umfasst insbesondere das illegale Eindringen in Computersysteme, das unbefugte Abfangen oder Manipulieren von Daten, Fälschungen und Betrug im Cyber-Raum, sowie Straftaten im Zusammenhang mit Urheberrechten und Kinderpornografie. Hierbei handelt es sich mithin um Kriminalitätsfelder, bei denen nicht nur, aber auch Strukturen der OK vertreten sind. Insbesondere vor dem Hintergrund der voranschreitenden Digitalisierung ist der Cyber-Raum ein Feld mit schnell wachsender Bedeutung für die OK, dass damit auch die Bedeutung der Konvention erhöht. Dies zeigt auch das im Jahr 2022 geschlossene Zweite Zusatzprotokoll der *Cybercrime-Konvention*, welches einen Schwerpunkt auf die Erlangung elektronischer Beweismittel legt. Dazu sollen u.a. die direkte Zusammenarbeit mit Diensteanbietern verbessert und der Erhalt von Bestands- und Verkehrsdaten effektiviert werden.

Gibt es rechtliche Vorgaben aus der Europäischen Union zur Erfassung des OK-Phänomens?

Neben den europarechtlichen Vorgaben zur definitorischen Erfassung der OK und der Pönalisierung von Straftaten im Zusammenhang mit einer kriminellen Vereinigung (→ S. 38 f.), wurden auf EU-Ebene weitere Anstrengungen unternommen, um die OK effektiver zu bekämpfen. Diese Maßnahmen sind zumeist deliktsbezogen und knüpfen an das europarechtliche OK-Begriffsverständnis an. Dabei macht die EU von ihrer Strafrechtsangleichungskompetenz gem. Art. 83 AEUV Gebrauch, welche der Union die Festlegung von Mindestvorschriften über die Straftaten und Strafen in bestimmten Kriminalitätsbereichen gestattet. Diese Kriminalitätsbereiche haben gemein, dass sie der besonders schweren Kriminalität zuzuordnen sind und außerdem eine grenzüberschreitende Dimension haben. Genannt werden Terrorismus, Menschenhandel und sexuelle Ausbeutung von Frauen und Kindern, illegaler Drogenhandel, illegaler Waffenhandel, Geldwäsche, Korruption, Fälschung von Zahlungsmitteln, Computerkriminalität und Organisierte Kriminalität. Auf der Grundlage von Art. 83 Abs. 1 UA 3 AEUV kann der Katalog erweitert werden. Die Maßnahmen der EU betreffen gegenwärtig beispielsweise den sexuellen Missbrauch und die sexuelle Ausbeutung von Kindern und die Kinderpornografie (Richtlinie 2011/92/EU des Europäischen Parlaments und des Rates vom 13. Dezember 2011 zur Bekämpfung des sexuellen Missbrauchs und der sexuellen Ausbeutung von Kindern sowie der Kinderpornografie sowie zur Ersetzung des Rahmenbeschlusses 2004/68/JI des Rates, ABl. EU 2011 Nr. L 335, S. 1), die Geldfälschung (Richtlinie 2014/62/EU des Europäischen Parlaments und des Rates vom 15. Mai 2014 zum strafrechtlichen Schutz des Euro und anderer Währungen gegen Geldfälschung und zur Ersetzung des Rahmenbeschlusses 2000/383/JI des Rates, ABl. EU 2014 Nr. L 151, S. 1), den Drogenhandel (Richtlinie (EU) 2017/2103 vom 15. November 2017 des Europäischen Parlaments und des Rates zur Änderung des Rahmenbeschlusses 2004/757/JI des Rates zur Aufnahme neuer psychoaktiver Substanzen in die Drogendefinition und zur Aufhebung des Beschlusses 2005/387/JI des Rates) oder die Geldwäsche (Richtlinie 2018/1673/EU des Europäischen Parlaments und des Rates vom 23. Oktober 2018 über die strafrechtliche Bekämpfung der Geldwäsche, ABl. EU 2018 Nr. L 284, S. 22). Art. 83 Abs. 2 AEUV ermöglicht der EU zusätzlich die Harmonisierung strafrechtlicher Vorschriften, wo sich dies als unerlässlich für die wirksame Durchführung der Politik der Union auf einem Gebiet erweist, in dem bereits Harmonisierungsmaßnahmen erfolgt sind. Da auch auf EU-Ebene das Profitstreben als zentrale Triebfeder von OK-Aktivitäten erkannt worden ist, zielen die Bestrebungen auch auf eine effektive Vermögensabschöpfung ab, um den Tätern die kriminell erlangten Erträge zu entziehen. Hierzu wurden durch die Richtlinie 2014/42/EU des Europäischen Parlaments und des Rates vom 3. April 2014 über die Sicherstellung und Einziehung von Tatwerkzeugen und Erträgen aus Straftaten in der Europäischen Union Mindesvorschriften zur Einziehung und Sicherstellung getroffen. Aktuelle Initiativen zielen auf eine weitere Modernisierung der Vermögensabschöpfung ab (vgl. Vorschlag für eine Richtlinie des Europäischen Parlaments und des Rates über die Abschöpfung und Einziehung von Vermögenswerten, KOM (2022) 245 endg.).

Gibt es eine Legaldefinition zur OK in Deutschland?

Im Bereich der Bundesgesetzgebung gibt es keine gesetzliche Definition des OK-Phänomens. Insbesondere ist die wohl bekannteste deutsche OK-Definition aus dem Jahre 1990 nie in ein Bundesgesetz aufgenommen worden. Die Definition hat aufgrund ihrer Kodifizierung in den *Gemeinsamen Richtlinien* (lediglich) die Rechtsnatur einer Verwaltungsvorschrift. Damit handelt es sich um reines Verwaltungsinnenrecht ohne Außenwirkung. Zu beachten ist jedoch, dass die OK-Definition 1990 durchaus Anklang auf Ebene der Landesgesetzgebung gefunden hat. Hier wurde die Definition teilweise in leicht modifizierter Form in einige Gefahrenabwehrgesetze, insbesondere in mehrere Landesverfassungsschutzgesetze implementiert (vgl. z.B. Art. 4 Abs. 2 BayVSG (Bayern), § 3 Abs. 2 HVSG (Hessen), § 5 Abs. 1 Nr. 4 SVerfSchG (Saarland)). Auf diese Weise hat die 1990er-Definition zumindest auf Landesebene den Status einer Legaldefinition erreicht.

Daneben kennt das deutsche Strafgesetzbuch seit dem Jahr 2017 in § 129 Abs. 2 StGB eine gesetzliche Definition des Begriffs der *(kriminellen) Vereinigung*. Zwar legt bereits der hier legal definierte Begriff der *Vereinigung* nahe, dass es sich hierbei nicht um eine OK-Definition handelt, jedoch ist diese Definition eindeutig im Kontext der begrifflichen Erfassung von OK zu sehen. Dies folgt zum einen aus der historischen Entwicklung dieser Legaldefinition im Zusammenhang mit den internationalen Vorgaben (hierzu → S. 33 ff.) und zum anderen aus dem ausdrücklichen Willen des Gesetzgebers. Der Gesetzgeber wollte mit dieser neuen Definition ausdrücklich (auch) die OK erfassen (vgl. BT-Drs. 18/11275, S. 11). Damit existiert eine gesetzliche Definition zur materiell-rechtlichen Erfassung der OK im sprachlichen Gewand einer (kriminellen) Vereinigung.

Wie wird OK in Deutschland strafrechtlich erfasst?

Das deutsche Strafgesetzbuch kennt zwar keinen *OK-Straftatbestand*, aber das Phänomen *OK* ist bekannt und kriminalpolitisches Leitbild für zahlreiche Gesetzesinitiativen, Strukturentscheidungen, Ressourcenverteilung und Kooperationsformen („Nützlichkeitskonzept", vgl. Sinn 2016, S. 3 ff.). Da dem Gesetzgeber die begrifflichen Konturen und die Abgrenzung zu anderen Kriminalitätsformen im Jahr 1992 noch nicht ausreichend gefestigt erschienen (BT-Drs. 12/989, S. 24), entschied er sich gegen die Aufnahme der organisierten Begehungsweise in einen Straftatbestand. Er wählte einen zweigleisigen Ansatz, indem auf die typischen Tätigkeitsbereiche der OK Bezug genommen und die besondere Begehungsweise erfasst wurde. Dazu griff sich der Gesetzgeber die besonders organisationsverdächtigen strafschärfenden Merkmale der gewerbsmäßigen und bandenmäßigen Begehungsweise heraus und erstreckte sie mit dem OrgKG im Jahr 1992 auf die gewerbsmäßige Hehlerei, die Bandenhehlerei und den Bandendiebstahl. Das Merkmal der Gewerbsmäßigkeit verlangt zunächst, dass sich der Täter aus der wiederholten Tatbegehung eine nicht nur vorübergehende Einnahmequelle von einigem Umfang verschaffen will (BGH NStZ 1995, S. 85). Dagegen setzt der Bandenbegriff den Zusammenschluss von mindestens drei Personen voraus, die sich mit dem Willen verbunden haben, künftig für eine gewisse Dauer mehrere selbstständige, im Einzelnen noch ungewisse Straftaten des im Gesetz benannten Deliktstyps zu begehen (BGHSt 46, S. 321). Beide Merkmale wurden zwar schon lange vor Aufkommen des OK-Phänomens im deutschen Strafgesetzbuch verwendet. Neu war aber im Jahr 1992, dass sie durch das OrgKG für die OK-Verfolgung fruchtbar gemacht wurden. Nicht zu übersehen ist aber, dass die bandenmäßige Begehung und die Gewerbsmäßigkeit die OK nur teilweise erfassen können. Das Merkmal der Gewerbsmäßigkeit kann die Gewinnerzielungsabsicht abbilden, welche der Begehung von Straf-

taten durch die OK im Regelfall zugrunde liegt. Der Bandenbegriff wiederum setzt den Zusammenschluss mehrerer Personen für eine gewisse Dauer voraus. Diese personalen und temporalen Komponenten prägen ebenfalls das OK-Begriffsverständnis (insoweit auch die Definition → S. 28 ff.). Gleichwohl sind beide Merkmale nicht in der Lage, das besondere Gefahrenpotenzial der OK und deren Mächtigkeit abzubilden, welche sich aus der Organisationsgefahr und der damit einhergehenden Erwartbarkeit von Straftaten (→ S. 106 f.) ergibt.
Die strukturelle Erfassung der OK über die Bande greift zu kurz, weil mit § 129 StGB nach 2017 nun ein Straftatbestand existiert, der genau jenes Gefährlichkeitspotenzial abzubilden vermag. Anders als die Banden- und Gewerbsmäßigkeit ist die Mitgliedschaft in einer kriminellen Vereinigung strafbegründend. Die Vorschrift diente historisch zunächst allein der Erfassung politisch-krimineller Gruppierungen (Sinn/Iden/Pörtner 2021, S. 436 f.). Diese politische Stoßrichtung prägte auch die Auslegung des Vereinigungsbegriffes durch die Rechtssprechung. Mit der Reform des Vereinigungsbegriffes im Jahr 2017 und der Anpassung an die internationalen Vorgaben (→ S. 39 f.) sollten die fortgesetzte politisch geprägte Auslegung des Vereinigungsbegriffes beendet und endlich auch die Erfassung von OK-Gruppierungen ermöglicht werden (vgl. BT-Drs. 18/11275, S. 11). Nach § 129 Abs. 2 StGB ist eine Vereinigung nunmehr ein auf längere Dauer angelegter, von einer Festlegung von Rollen der Mitglieder, der Kontinuität der Mitgliedschaft und der Ausprägung der Struktur unabhängiger organisierter Zusammenschluss von mehr als zwei Personen zur Verfolgung eines übergeordneten gemeinsamen Interesses. Zur kriminellen Vereinigung im Sinne des § 129 Abs. 1 StGB wird die Vereinigung, wenn der Zweck oder die Tätigkeit der Vereinigung auf die Begehung von Straftaten gerichtet ist. Der Vereinigungsbegriff setzt ein personales, ein temporales, ein voluntatives sowie ein organisatorisches Element voraus. In personaler und temporaler Hinsicht deckt sich der Begriff mit dem deutschen OK-Verständnis, welches ebenfalls einen auf eine gewisse Dauer angelegten Zusammenschluss von mindestens drei Personen zugrundelegt. Das voluntative Merkmal des übergeordneten gemeinsamen Interesses kann ebenfalls zur OK-Erfassung herangezogen werden. Die Tätigkeiten der OK zielen zumeist darauf ab, Gewinne zu erzielen. Sofern diese Gewinnerzielung gemeinsam erreicht werden soll und die Einzelinteressen der

Mitglieder diesem gemeinsamen Ziel untergeordnet werden, sind auch die voluntativen Voraussetzungen des Vereinigungsbegriffes erfüllt. Das Schlüsselelement des Vereinigungsbegriffes zur OK-Erfassung ist jedoch das organisatorische Element. Erst durch die organisatorische Struktur des Zusammenschlusses wird der Qualitätssprung erreicht, der dazu führt, dass Straftaten erwartbar werden (→ S. 106f.). Diesen Qualitätssprung vermag der Bandenbegriff nicht abzubilden, denn dieser setzt nach allgemeiner Auffassung keine Organisation voraus. Zu Recht gilt die Bande daher allenfalls als „Keimzelle der OK" (vgl. BGHSt 46, S. 321, 329). Damit zeigt sich, dass § 129 StGB das entscheidende OK-Delikt ist. Diese Auffassung hat sich jedoch noch nicht in der Praxis durchgesetzt.

Jahr	OK-Verfahren insgesamt nach OK-Lagebild des *BKA*	Verfahren nach § 129 StGB nach OK-Lagebild des *BKA*
2017	572	23
2018	535	39
2019	579	12
2020	594	18
2021	696	14

Tabelle 4: OK-Verfahren nach § 129 StGB.

Die Gründe für dieses Missverhältnis liegen in der *de lege lata* (zu Recht) niedrigeren Strafandrohung für die Mitgliedschaft in einer kriminellen Vereinigung im Vergleich zu einer deliktstypischen OK-Straftat (z.B. Betäubungsmitteldelikte), bei der die Täter als Bande agieren. Denn die Mitgliedschaft in einer kriminellen Vereinigung wirkt strafbegründend, die Deliktsbegehung als Bandenmitglied wirkt straferhöhend. Es liegt also nahe, *de lege ferenda* eine Strafbarkeit für OK-typische Straftaten, die als Mitglied einer kriminellen Vereinigung begangen werden, einzuführen und den Strafrahmen anzupassen.

Literaturtipps

Zur Eignung des Bandenbegriffes in der OK-Erfassung: Kosmalla, M. (2005). Die Bandenmäßigkeit im Strafrecht.

Zur OK-Erfassung über § 129 StGB: Sinn, A.; Iden, M.; Pörtner, P. (2021). Alter Wein in neuen Schläuchen oder Paradigmenwechsel beim Begriff der kriminellen Vereinigung (§ 129 Abs. 2 StGB)?, Zeitschrift für Internationale Strafrechtsdogmatik, S. 435–451.

Brauchen wir in Deutschland einen Mafia-Straftatbestand nach italienischem Vorbild?

Immer wieder wird von Seiten engagierter NGOs die mangelhafte materiell-rechtliche Erfassung darauf zurückgeführt, dass die Mitgliedschaft in einer Mafia-Organisation nicht explizit unter Strafe gestellt ist. Tatsächlich ist eine Erfassung von Mafia-Gruppierungen über die Vorschrift des § 129 Abs. 2 StGB jedoch möglich, sofern die entsprechende Gruppierung die personalen, temporal, voluntativen und organisatorischen Voraussetzungen des § 129 StGB erfüllt (→ S. 115). Dass dies durchaus der Fall ist, offenbart auch ein Blick auf das OK-Lagebild. Dieses weist fünf Gruppierungen der IOK dem Hauptdeliktsbereich *kriminelle Vereinigung* zu (BKA 2022a, S. 20). Im italienischen Strafrecht wird zwischen der *kriminellen Vereinigung* in Art. 416 c.p. und der *mafiaartigen Vereinigung* in Art. 416bis c.p. unterschieden. Art. 416 c.p. sieht bereits einen Strafrahmen von einem bis fünf Jahren Freiheitsstrafe für die bloße Beteiligung an einer Vereinigung, welche von drei oder mehr Personen zur Begehung von Verbrechen gebildet wird, vor. Im Fall der *qualifizierten Beteiligung* (fördern, bilden, organisieren) erhöht sich das Strafmaß sogar auf drei bis sieben Jahre. In ihren Voraussetzungen erfordert die italienische Vorschrift damit weniger als der deutsche Vereinigungbegriff des § 129 Abs. 2 StGB, da Art. 416 c.p. auf ein temporäres und organisatorisches Element verzichtet. Im Vergleich zur *kriminellen Vereinigung* hat die *mafiaartige Vereinigung* des Art. 416bis c.p. deutlich engere Voraussetzungen:

> „Die Vereinigung ist mafiaartig, wenn ihre Mitglieder sich der einschüchternden Macht der Bindung an die Vereinigung und der daraus folgenden Bedingung der Unterwerfung und der Schweigepflicht bedienen, um Verbrechen zu begehen, damit sie mittelbar oder unmittelbar die Leitung oder sonst wie die Kontrolle über wirtschaftliche Tätigkeiten, Konzessionen, Ermächtigungen, öffentliche Vergaben und Dienste erlangen oder für sich oder andere ungerechtfertigte Erträge oder Vorteile erzielen, oder damit sie bei Wahlen die freie Ausübung des Stimmrechts verhindern oder behindern oder für sich oder andere Stimmen verschaffen."

Erforderlich ist also der Einsatz bestimmter Mittel zur Erreichung bestimmter Zwecke, welche über die bloße Begehung von Straftaten hinausgehen. Diese Voraussetzungen sind ersichtlich höher als die Anforderungen des deutschen Vereinigungsbegriffes, was daran liegt, dass auch der Strafrahmen deutlich höher ist (10 bis 15 Jahre bei bloßer Beteiligung bzw. 12 bis 18 Jahre in Fällen qualifizierter Beteiligung (näher dazu Sinn 2023)). Deshalb würde die Einführung eines Mafia-Straftatbestandes nach Vorbild des Art. 416bis c.p. auch nicht zu mehr Erfolgen in der Mafia-Bekämpfung führen. Die monierte mangelhafte strafrechtliche Erfassung von Mafia-Gruppierungen ist vielmehr der zurückhaltenden Anwendung des § 129 StGB insgesamt geschuldet.

II. Das strafprozessuale Verfolgungskonzept | Yari Dennhardt

Seit wann spielt die OK im Zusammenhang mit dem Strafprozessrecht eine Rolle?

Die Frage der Notwendigkeit besonderer Ermittlungsmethoden zur OK-Bekämpfung wurde bereits in den 1980er-Jahren gestellt. Während zuvor zunächst die Begriffsdebatte den öffentlichen Diskurs über OK dominiert hatte, war man sich nunmehr über die Existenz des Phänomens einig und formulierte die Zerschlagung krimineller Strukturen als neues Ziel der Ermittlungen (vgl. Stümper 1975, S. 50). Dabei standen insbesondere solche Ermittlungsmaßnahmen im Vordergrund, mithilfe derer umfangreiche Informationen über OK-Strukturen erlangt werden konnten. Diese Ermittlungsmaßnahmen, wie vor allem der Einsatz verdeckter Ermittler, waren jedoch noch nicht gesetzlich normiert, sondern wurden auf die Ermittlungsgeneralklausel der §§ 161, 163 StPO gestützt. Mit dem Volkszählungsurteil des Bundesverfassungsgerichts und der Implementierung des Rechts auf informationelle Selbstbestimmung als Ausprägung des allgemeinen Persönlichkeitsrechts aus Art. 2 Abs. 1 GG i.V.m. Art. 1 Abs. 1 GG (BVerfGE 65, S. 1) nahm die Verrechtlichungsdebatte jedoch Fahrt auf. Erste Änderungen erfolgten sodann auf der Ebene der Polizeirechts. Diese Vorschriften sollten anschließend mit dem Strafprozessrecht harmonisiert werden. In der Folge wurden erste strafprozessuale Änderungen mit dem OrgKG im Jahr 1992 vorgenommen. Dabei wurden die Rasterfahndung (§ 98a StPO), der Einsatz akustischer und optischer Überwachungsmaßnahmen (§ 100c StPO a.F.), der Einsatz verdeckter Ermittler (§ 110a StPO) und die Ausschreibung zur polizeilichen Beobachtung (§ 163e StPO) ausdrücklich normiert. Außerdem wurde der Katalog der Telekommunikationsüberwachung auf zahlreiche OK-relevante Delikte erweitert. Dabei ging der Gesetzgeber davon aus, dass sich die OK vor allem durch die konspirative Vorbereitung und Durchführung von Straftaten auszeichne. Die neuen Ermittlungsmaßnahmen sollten es nunmehr ermöglichen, in das Innere der kriminellen Organisationen einzudringen (BT-Drs. 12/989, S. 41). Über die Ermittlungsmaßnahme der akustischen Wohnraumüberwachung wurde im Zuge des OrgKG besonders intensiv gestritten. Letztlich konnte man sich jedoch wegen zahlreicher verfassungsrechtlicher Bedenken nicht auf eine Implementierung in der Strafprozessordnung einigen. Die Idee wurde jedoch in mehreren Initiativen weiterverfolgt (vgl. BT-Drs. 12/6784; BR-Drs. 494/94) und schließlich im Rahmen des Gesetzes zur Verbesserung der Bekämpfung der Organisierten Kriminalität (BGBl. I 1998, S. 845) in § 100c StPO umgesetzt. Ermöglicht wurde dies durch eine zusätzliche Änderung des Art. 13 GG (BGBl. I 1998, S. 610), der das Grundrecht auf Unverletzlichkeit der Wohnung gewährleistet. Durch diese Gesetzesinitiativen wurde der Grundstein des OK-Verfolgungskonzeptes, welches auf dem Einsatz besonderer Ermittlungsmaßnahmen basierte, gelegt.

Wieso wurde keine Definition der OK in die Strafprozessordnung aufgenommen?

Über eine Aufnahme einer OK-Definition in die Strafprozessordnung wurde bereits Anfang der 1990er-Jahre beraten. Letztlich fand der OK-Begriff jedoch keinen Einzug in die Strafprozessordnung. Gegen die Aufnahme mittels des Merkmals der organisierten Begehungsweise entschied man sich, weil deren Konturen und insbesondere die Abgrenzung zu anderen Kriminalitätsformen für noch nicht ausreichend gefestigt gehalten wurden (BT-Drs. 12/989, S. 24). Aufgenommen wurde hingegen das Merkmal „in anderer Weise organisiert" in die Vorschriften zur Rasterfahndung und zum verdeckten Ermittler. Das Merkmal entstammt einem Vorschlag eines Vertreters des Hamburger Innenministers. Dieser berichtete von den Erfahrungen mit dem Milieu von St. Pauli, wo der Nachweis der Bandenmitgliedschaft regelmäßig Probleme bereitete. Ohne bereits von der Festigkeit einer Bande sprechen zu können, ließen sich dort bereits „eine Organisationsstruktur, ein gezieltes vorbereitetes Vorgehen" feststellen (Hilger 1992, S. 457 ff., Fn. 51). Dem Merkmal sollte deshalb eine Auffangfunktion zukommen.

Wie sollte die Erfassung stattdessen erfolgen?

Anstatt die Zulässigkeit bestimmter Ermittlungsmethoden an den OK-Begriff zu knüpfen, entschied man sich vermehrt für die Verwendung von Katalogen, in denen konkrete Anlasstaten für die Ermittlungsmaßnahmen benannt wurden. Als Vorbild diente die Vorschrift zur Telekommunikationsüberwachung in § 100a StPO. Dabei wurden entweder die einzelnen Delikte in die Kataloge aufgenommen (vgl. § 100a StPO) oder bestimmte Deliktsbereiche formuliert, bei denen der Verdacht einer Straftat unter gewissen Voraussetzungen eine Anordnung ermöglichen sollte (§§ 98a, 110a StPO). Strukturell sollte die OK vor allem durch die gewerbs- und bandenmäßige Begehungsweise erfasst werden. Diese Merkmale hielt man für besonders *organisationsverdächtig* und sah damit zwei große Teilbereiche der OK erfasst (BT-Drs. 12/989, S. 24). Deshalb wurde der Katalog des § 100a StPO beispielsweise um den Bandendiebstahl und schweren

Bandendiebstahl sowie die gewerbsmäßige Hehlerei und Bandenhehlerei ergänzt. Die Ermittlungsmaßnahmen der Rasterfahndung und des verdeckten Ermittlers sollten u.a. für die Fälle ermöglicht werden, in denen der Verdacht einer Straftat von erheblicher Bedeutung besteht, welche gewerbs- oder gewohnheitsmäßig, von einem Bandenmitglied oder in anderer Weise organisiert begangen wurde. Die Vorschrift des § 129 StGB spielte für das strafprozessuale Verfolgungskonzept des OrgKG Gesetzgebers seinerzeit keine Rolle, auch wenn sie unmittelbar oder über Verweise auf die Staatsschutzdelikte (vgl. §§ 98a Abs. 1 S. 1 Nr. 2, 110a Abs. 1 S. 1 Nr. 2 StPO) ebenfalls eine Anordnung der Ermittlungsmaßnahmen ermöglichte. Aufgrund der Ausgestaltung als Vorfelddelikt diente § 129 StGB in der Folgezeit jedoch häufig als „Türöffner" für bestimmte Ermittlungsmaßnahmen. Da die Vorschrift des § 129 StGB keine Begehung einer konkreten Tat durch die Vereinigungsmitglieder erfordert, ist auch die Schwelle zum Anfangsverdacht niedriger als bei den Delikten, welche die banden- und bzw. oder gewerbsmäßige Begehungsweise als strafschärfendes Merkmal vorsehen. Deshalb konnten Ermittlungsmaßnahmen auf Grundlage des Anfangsverdachtes wegen § 129 StGB einfacher eingeleitet werden. Sobald jedoch hinreichende Anhaltspunkte für die durch die Verdächtigen begangenen konkreten Taten ermittelt wurden, spielte § 129 StGB keine Rolle mehr (Sinn 2020, S. 272). In diesem Fall zeigt sich die Asynchronität des materiell-rechtlichen und prozessualen OK-Verfolgungskonzeptes.

Hat sich dieses Konzept bis heute verändert?

Mit der zunehmenden Ausweitung der Bandendelikte sowie der gewerbsmäßigen Begehungsweise sowie deren Aufnahme in die Anlasstatenkataloge im Anschluss an das OrgKG spielte die Vorschrift des § 129 StGB eine immer geringere Rolle im strafprozessualen Verfolgungskonzept. So wurde der Katalog des § 100a StPO in den Folgejahren um einige Bandendelikte ergänzt, wobei in den Gesetzesbegründungen auf die Bekämpfung von OK bzw. organisierter Begehungsweisen verwiesen wurde (z.B. BT-Drs. 16/5846, S. 40 ff.). Mit der Reform des § 129 StGB im Jahr 2017 sollte ein Paradigmenwechsel in der materiell-rechtlichen Erfassung der OK einhergehen (→ S. 40). Da die Vorschrift auch Teil der Anlasstatenkataloge der besonderen Ermittlungsmaßnahmen ist (Ausnahme ist der Katalog des § 100b, nach dem eine Anordnung nur dann möglich ist, wenn sich der Zweck oder die Tätigkeit der Vereinigung auf bestimmte, ebenfalls in § 100b benannte Straftaten bezieht) ließe sich nun davon ausgehen, dass nunmehr endlich die notwendige Synchronität des strafprozessualen und materiell-rechtlichen Verfolgungskonzeptes hergestellt werden konnte. Tatsächlich ergänzte der Gesetzgeber jedoch auch nach der Reform der Reform des § 129 StGB die Kataloge der Ermittlungsmaßnahmen um Bandendelikte, (vgl. BT-Drs. 19/8691, S. 61; BT-Drs. 19/27654, S. 70 f.) um die Erhellung organisierter Strukturen zu ermöglichen. Die Frage, ob durch diese Anpassungen angesichts der Neufassung des § 129 StGB tatsächlich bestehende Lücken im Verfolgungskonzept geschlossen wurden, blieb dabei unbeantwortet. Die Asynchronität der OK-Verfolgungskonzepte besteht also fort.

Ermöglicht das Konzept Strukturermittlungen?

Grundsätzlich zielen die Ermittlungsmaßnahmen der Strafprozessordnung auf die Feststellung ab, ob von einer verdächtigen Person eine konkrete Straftat begangen worden ist. Da die Gefährlichkeit der OK jedoch wesentlich aus der Qualität der Organisation und der daraus folgenden Erwartbarkeit von Straftaten resultiert (→ S. 106 f.), kommt es bei OK-Ermittlungen darauf an, die hinter der einzelnen Straftatenbegehung stehende Struktur aufzuklären. Sofern sich die Ermittlungen allein auf die einzelnen durch die Mitglieder begangene Straftaten beschränken, kann die OK nicht effektiv verfolgt werden. Gerade in OK-typischen hierarchischen Gruppierungen obliegt die tatsächliche Durchführung der Straftaten (wie z.B. der Verkauf von Betäubungsmitteln an den Konsumenten) den Mitgliedern auf der untersten Ebene. Diese sind für die Gruppierung jedoch in den meisten Fällen beliebig austauschbar, sodass ein Vorgehen gegen diese Mitglieder das Geschäft der Gruppierung nicht nachhaltig unterbinden kann. Deshalb kommt *Strukturermittlungen* im Rahmen von OK-Ermittlungen eine herausragende Bedeutung zu. Erst die Aufklärung von deliktsübergreifenden Zusammenhängen kann ein Vordringen in den Kern der Organisationen und letztlich eine wirksame Zerschlagung von OK-Strukturen ermöglichen. Der Begriff der Strukturermittlungen findet sich nicht in der Strafprozessordnung. Die Ermittlungsbehörden sind damit auf die tat- und täterbezogenen Ermittlungsmaßnahmen beschränkt. Das strafprozessuale Verfolgungskonzept kann jedoch dann für Strukturermittlungen fruchtbar gemacht werden, wenn die strukturelle bzw. organisatorische Einbindung des Täters selbst Teil des Straftatbestandes ist. Dies ist bei der Vorschrift der kriminellen Vereinigung nach § 129 Abs. 1 StGB der Fall, welche einen organisierten Zusammenschluss von mehr als zwei Personen zur Verfolgung eines übergeordneten gemeinsamen Interesses, das durch die Begehung von Straftaten verfolgt wird, erfordert. Anders als bei den Bandendelikten ist damit der Nachweis einer Organisationsstruktur erforderlich. Die Vorschrift des § 129 StGB ist damit der Schlüssel zu Strukturermittlungen im OK-Verfolgungskonzept.

Wie wird gegen OK ermittelt?

OK-Ermittlungen werden zumeist im Rahmen eines proaktiven polizeilichen Ermittlungsansatzes initiiert. Dies ist zum einen darauf zurückzuführen, dass es in den klassischen OK-Deliktsfeldern, wie dem Drogen- oder Waffenhandel oder der Schleusungskriminalität, regelmäßig an anzeigebereiten Personen fehlt, sodass die Delikte im Dunkelfeld verbleiben. In den wenigen Fällen tatsächlicher Anzeigebereitschaft sind die Personen häufig Drohungen und Gewalt durch die OK ausgesetzt. Kennzeichnend für die OK ist ferner ein hohes Maß an Konspirativität, was das Entdeckungsrisiko krimineller Gruppierungen weiter verringert. Hinzu kommt gegenwärtig die breite Nutzung von Informationstechnologie zur Verschlüsselung von Kommunikation. OK-Ermittlungen folgen deshalb selten dem klassischen Schema *Straftat–Kenntniserlangung–Aufklärung*, sondern richten sich täterorientiert gegen bestimmte Personen oder Gruppierungen (Kinzig 2004, S. 792). Daher spielen Initiativermittlungen für die wirksame Verfolgung der OK eine bedeutende Rolle. Dabei gewinnen Staatsanwaltschaft und Polizei von sich aus im Rahmen ihrer gesetzlichen Befugnisse Informationen oder führen bereits erhobene Informationen zusammen, um neue Ermittlungsansätze zu erhalten. Dabei liegen Elemente der Strafverfolgung und Gefahrenabwehr häufig in Gemengelage vor (6.1 und 6.3 der RiStBV). Sofern die Initiativermittlungen Anhaltspunkte für verfolgbare Straftaten i.S.d. § 152 Abs. 2 StPO liefern, stehen den Ermittlungsbehörden die strafprozessualen Ermittlungsmaßnahmen zur Verfügung. Dazu können sowohl personale, als auch technische Instrumente zählen (→ S. 125ff.). Das *BKA* nimmt dabei nach §4 Abs. 1 Nr. 1 BKAG in den Fällen des international organisierten ungesetzlichen Handels mit Waffen, Munition, Sprengstoffen, Betäubungsmitteln, neuen psychoaktiven Stoffen oder Arzneimitteln und der international organisierten Herstellung oder Verbreitung von Falschgeld, die eine Sachaufklärung im Ausland erfordern, sowie damit im Zusammenhang begangener Straftaten einschließlich der international organisierten Geldwäsche die polizeilichen Aufgaben auf dem Gebiet der Strafverfolgung wahr. Zur Effektivierung der Ermittlungen wurden auf polizeilicher Ebene durch die Einrichtung von OK-Dienststellen Anpassungen vorgenommen. Außerdem spielt die behördenübergreifende Zusammenarbeit bei OK-Ermittlungen eine wichtige Rolle. Dabei haben sich zahlreiche Kooperationsformen zwischen den Polizeibehörden des Bundes und der Länder herausgebildet. Auf dem Gebiet der Rauschgiftkriminalität hat sich die Bildung von *gemeinsamen Ermittlungsgruppen* (GEG) durch die Polizei und den Zoll zur Bündelung von Wissen, Erfahrungen und Kompetenzen bewährt (Sinn 2018, S. 102). Auf justizieller Ebene ermöglicht die Einrichtung spezialisierter OK-Schwerpunktstaatsanwaltschaften die Bereitstellung zusätzlicher Ressourcen für komplexe OK-Ermittlungsverfahren (Jahnes 2010, S. 165). Generell zeichnen sich OK-Ermittlungen als besonders aufwendig aus, was häufig in der Vielzahl der beteiligten Tatverdächtigen, der internationalen Verflechtungen und komplexen Organisationstrukturen der Gruppierungen begründet liegt.

Was sind verdeckte Ermittlungsmaßnahmen?

Im Regelfall finden die Maßnahmen der Strafverfolgungsbehörden offen statt. Gerade bei OK-Ermittlungen kann es jedoch notwendig sein, Ermittlungen über einen längeren Zeitraum zu führen, ohne dass der Betroffene Kenntnis über die Ermittlungsmaßnahmen erhält. Die Erhellung der Struktur und der Organisation von OK-Gruppierungen erfordert regelmäßig die längerfristige Anwendung mehrerer verschiedener Ermittlungsmaßnahmen. Deshalb wurden zahlreiche verdeckte Ermittlungsmaßnahmen in die Strafprozessordnung aufgenommen, die sich gerade dadurch auszeichnen, dass sie *ohne* Wissen des Betroffenen stattfinden. Die verdeckten Maßnahmen sind in § 101 Abs. 1 StPO aufgeführt. Dabei handelt es sich um die Rasterfahndung (§ 98a StPO), die Postbeschlagnahme (§ 99

StPO), die (Quellen-) Telekommunikationsüberwachung (§ 100a StPO), die Online-Durchsuchung (§ 100b StPO), die akustische Überwachung in (§ 100c StPO) und außerhalb von Wohnraum (§ 100f StPO), der Einsatz optischer und technischer Mittel außerhalb von Wohnraum (§ 100h StPO), technische Ermittlungsmaßnahmen bei Mobilfunkendgeräten (§ 100i StPO), den Einsatz verdeckter Ermittler (§ 110a StPO), die Schleppnetzfahndung (§ 163d StPO), die Ausschreibung zur Beobachtung bei polizeilichen Kontrollen (§ 163e StPO), die längerfristige Observation (§ 163f StPO) und die automatische Kennzeichenerfassung (§ 163g StPO). Da die Ermittlungsmaßnahmen jedoch aufgrund ihres heimlichen Charakters besonders eingriffsintensiv sind, sieht § 101 StPO besondere Kennzeichnungs- und Benachrichtigungspflichten sowie die Möglichkeit nachträglichen Rechtsschutzes vor. Die Ermittlungsmaßnahmen der Verkehrs- und Nutzungsdatenabfrage nach §§ 100g, 100k StPO sollen nach Auffassung des Gesetzgebers nicht zu den verdeckten Ermittlungsmaßnahmen gehören, auch wenn sie faktisch ebenfalls zunächst ohne Wissen des Betroffenen erfolgen (Rückert 2023, § 101 StPO Rn. 2).

Welche technischen Ermittlungsmaßnahmen wurden zur OK-Verfolgung eingeführt?

Die mit der fortlaufenden Digitalisierung eröffneten technischen Möglichkeiten werden auch von der OK gezielt genutzt. Zum einen kann sich die OK nunmehr neue Tätigkeitsfelder erschließen. Nicht verwunderlich ist es deshalb, dass der Anteil von *Cybercrime*-Gruppierungen im OK-Lagebild im Jahr 2021 im zweiten Jahr in Folge angestiegen ist (BKA 2022a, S. 6). Gleichzeitig ermöglicht die Technisierung auch Anpassungen der Modi Operandi krimineller Gruppierungen, welche durch diese Neuerungen das Entdeckungsrisiko minimieren können. Die Strafverfolgungsbehörden nutzen deshalb ebenfalls entsprechende technische Instrumente, um diesen neuen Herausforderungen zu begegnen. Die Ermittlungsinstrumente zielen zunächst darauf ab, die Mitglieder krimineller Gruppierungen zu identifizieren. Dazu dient beispielsweise die Rasterfahndung in § 98a StPO. Durch den automatisierten Abgleich von Datenbeständen können Personen durch die Verwendung konkreter Prüfmerkmale aus dem Datenbestand herausgefiltert werden. Eine Identifizierung ist auch durch den Einsatz sogenannter IMSI-Catcher nach § 100i StPO möglich. Die *IMSI-Catcher* können zur Feststellung der Gerätenummer (IMEI) und SIM-Kartennummer (IMSI) sowie des Standortes eines Mobilfunkendgerätes verwendet werden. Außerdem dienen die technischen Ermittlungsmaßnahmen dazu, Informationen aus dem Inneren der Organisation zu erlangen. Dazu zählt zunächst der Zugriff auf die Kommunikation, welche beispielsweise durch die klassische Telekommunikationsüberwachung (§ 100a Abs. 1 S. 1 StPO), aber auch die Quellen-Telekommunikationsüberwachung (§ 100a Abs. 1 S. 2 und 3 StPO) erfolgen kann. Ein technischer Zugriff auf Informationen kann außerdem durch die Online-Durchsuchung (§ 100b StPO) erfolgen. Ist der konkrete Standort der Person bekannt, kann durch den Einsatz technischer Mittel die Person selbst nach außerhalb § 100f StPO oder nach § 100c StPO sogar innerhalb ihrer Wohnung der Person abgehört werden, um weitere Informationen zu gewinnen. Die technischen Ermittlungsmaßnahmen zielen also auf die Identifikation und Infiltration von OK-Gruppierungen.

Welche Rolle spielen verdeckte personale Ermittlungen?

Historisch gesehen gehen alle Arten von verdeckten OK-Ermittlungen auf die personalen Ermittlungen zur Infiltration von kriminellen Gruppierungen zurück. Bereits im Jahr 1981 betonte das Bundesverfassungsgericht, dass die Strafverfolgungsorgane ihrem Auftrag der rechtsstaatlich gebotenen Strafverfolgung zur Bekämpfung besonders gefährlicher Kriminalität, wie der Bandenkriminalität und des Rauschgifthandels, ohne personale Ermittlungen nicht nachkommen können (BVerfG NJW 1981, S. 1719, 1724). Als Fälle der verdeckten personalen Ermittlungen lassen sich der Einsatz verdeckter Ermittler, der Einsatz von Vertrauenspersonen, der Einsatz von nicht offen ermittelnden Polizeibeamten sowie die Inanspruchnahme von Informanten unterscheiden. Strafprozessual geregelt ist allein der Einsatz von verdeckten Ermittlern in § 110a StPO. Dabei handelt es sich gem. § 110a Abs. 2 StPO um Beamte des Polizeidienstes, welche unter einer ihnen verliehenen, auf Dauer angelegten, veränderten Identität (Legende) ermitteln. Im Gegensatz dazu treten nicht offen ermittelnde Polizeibeamte nur gelegentlich verdeckt auf, ohne ihre wahre Identität offenzulegen. Dies geschieht beispielsweise bei Scheinkäufen, welche zur späteren Untersuchung der erworbenen Gegenstände oder zum Aufbau von Vertrauen getätigt werden. Während es sich hierbei also jeweils um den Einsatz von Polizeibeamten handelt, wird beim Einsatz von Informanten und Vertrauenspersonen auf Privatpersonen zurückgegriffen, die regelmäßig selbst dem „kriminellen

Milieu“ zugehörig sind. Informanten sind dabei Personen, die im Einzelfall bereit sind, gegen Zusicherung der Vertraulichkeit der Strafverfolgungsbehörde Informationen zu geben. Bei Vertrauenspersonen handelt es sich hingegen um Personen, die, ohne der Strafverfolgungsbehörde anzugehören, bereit sind, diese bei der Aufklärung von Straftaten auf längere Zeit zu unterstützen und deren Identität grundsätzlich geheim gehalten wird (Gemeinsame Richtlinien der Justizminister/-senatoren und der Innenminister/-senatoren der Länder über die Inanspruchnahme von Informanten sowie über den Einsatz von Vertrauenspersonen (V-Personen) und Verdeckten Ermittlern im Rahmen der Strafverfolgung, 2.1 und 2.2 der Anlage D zur RiStBV). Der Einsatz von nicht offen ermittelnden Polizeibeamten, Vertrauenspersonen und Informanten wird aktuell auf die Ermittlungsgeneralklausel der §§ 161, 163 StPO gestützt (Hegmann 2023, § 110a StPO Rn. 5 ff.). Personale Ermittlungen sind jedoch auch mit tatsächlichen und rechtlichen Problemen verbunden, welche ihren Einsatz erschweren. In tatsächlicher Hinsicht kommen gerade zur Infiltration ethnisch abgeschlossener Gruppierungen wie z.B. der Mafia oder arabischen Clans nur bestimmte Ermittler in Frage, welche aufgrund ihrer Herkunft oder Sprachkenntnisse für einen Einsatz geeignet sind. Diese Schwierigkeiten wurden bereits Anfang der 1990er-Jahre mit der Forderung nach technischen Möglichkeiten zur Infiltration verbunden (Stenographisches Protokoll der 31. Sitzung des Rechtsausschusses vom 22.01.1992, S. 6). In rechtlicher Hinsicht gilt zu beachten, dass verdeckte Ermittler keine Straftaten begehen dürfen (vgl. II.2 Anlage D zur RiStBV). Damit ist es dem verdeckten Ermittler auch nicht erlaubt, sich zum Schutz seiner Legende an sogenannten *Keuschheitsproben* zu beteiligen, was häufig ein Vordringen in den Kernbereich krimineller Organisationen verhindert (Hauschild 2023, § 110c StPO Rn. 39). Die zunehmende Abschottung und Professionalisierung von OK-Gruppierungen vor allem gegenüber technischen Ermittlungsmaßnahmen führt jedoch aktuell dazu, dass die Strafverfolgungsbehörden zunehmend auf verdeckte personale Ermittlungen zur Erlangung von Informationen angewiesen sind (BT-Drs. 20/3333, S. 12). Wegen der besagten tatsächlichen und rechtlichen Probleme wird jedoch zumeist auf Informanten und Vertrauenspersonen zurückgegriffen, welche bereits Teil des kriminellen Milieus sind.

Gab es auch alternative Ansätze?

Neben der Idee, durch technische und personale Ermittlungen von „außen" in den Kernbereich krimineller Organisationen vorzudringen, wurde im OrgKG auch dem Zeugenschutz eine besondere Bedeutung beigemessen. Dabei ging der Gesetzgeber davon aus, dass in OK-Verfahren Sachbeweise nur unzureichend geführt werden können und deshalb häufig auf die Aussagen von Zeugen zurückgegriffen werden müsse. Besonders wichtig sollten dabei Zeugen sein, die wegen ihrer persönlichen Nähe Aussagen zur Tatplanung und Tatausführungen machen können, der OK also selbst nahestehen (BT-Drs. 12/989, S. 33). Damit wurde das Ziel verfolgt, Organisatoren und Drahtzieher durch Informationen von *innen* zu überführen. Diese Zeugen sind wie auch ihren Angehörigen in vielen Fällen besonderen Pressionen ausgesetzt, die von symbolischen Gesten bis zu Entführungen oder Tötungen reichen. Deshalb wurden Regelungen geschaffen, die negative Auswirkungen auf das Anzeige- und Aussageverhalten verhindern sollten. Dazu wurde gefährdeten Zeugen beispielsweise in § 68 Abs. 2 StPO das Recht eingeräumt, statt der vollständigen Anschrift ihren Geschäfts- oder Dienstort oder eine andere ladungsfähige Anschrift anzugeben Außerdem wurde in § 68 Abs. 3 StPO vorgesehen, dass gefährdete Zeugen in begründeten Ausnahmefällen keine Angaben zu ihrer Person oder wenn ihnen in der Zwischenzeit eine neue Identität verliehen wurde, lediglich Angaben über ihre frühere Identität machen müssen. Das Konzept der Erhellung von OK-Strukturen von *innen* wurde auch in den Folgejahren weiterverfolgt. So wurde mit dem Verbrechensbekämpfungsgesetz (BGBl. I 1994, S. 3186 ff.) im Jahr 1994 eine Kronzeugenregelung zur Bekämpfung der OK geschaffen, die bis dahin ausschließlich im Bereich des Terrorismus zur Anwendung kam. Diese sah in prozessualer Hinsicht Möglichkeiten zum Absehen von der Strafverfolgung und materiell-rechtlich Strafmilderungen bis zur Straffreiheit vor. Die Regelung fand jedoch nur für Täter und Teilnehmer einer Tat nach § 129 StGB oder einer mit dieser Tat zusammenhängenden, mit Freiheitsstrafe von mindestens einem Jahr bedrohten Tat Anwendung, wenn die Zwecke oder die Tätigkeit der Vereinigung auf die Begehung von Taten im Sinne des § 100a Absatz 2 der Strafprozessordnung gerichtet sind. Das Konzept knüpfte also auch hier an das Organisationsdelikt des § 129 StGB an. Die Regelung lief im Jahr 1999 aus. Sie war bis dahin in maximal 25 Fällen zur Anwendung gekommen (Mülhoff/Pfeiffer 2000, S. 121, 123). Eine Verlängerung wurde abgelehnt, da sich das Kronzeugengesetz nach allgemeiner Ansicht als wirkungslos erwiesen hatte (Christoph 2019, S. 66). Nach verschiedenen Versuchen, die Kronzeugenregelung wiederzubeleben, trat im Jahr 2009 eine *große Kronzeugenregelung* in Kraft, deren Anwendungsbereich sich nicht ausschließlich auf OK beschränken sollte. Gleichwohl sollte auch diese Regelung der Aufklärung abgeschotteter Strukturen im Bereich des Terrorismus und der OK einschließlich der schweren Wirtschaftskriminalität dienen (BT-Drs. 16/6268). Gem. § 46b Abs.1 StGB kann das Gericht die Strafe nach § 49 Abs. 1 StGB mildern, wenn der Täter einer Straftat, die mit einer im Mindestmaß erhöhten Freiheitsstrafe oder mit lebenslanger Freiheitsstrafe bedroht ist, durch freiwilliges Offenbaren seines Wissens wesentlich dazu beigetragen hat, dass eine Tat nach § 100a Abs. 2 StPO die mit seiner Tat im Zusammenhang steht, aufgedeckt werden konnte oder noch rechtzeitig verhindert werden kann. An die Stelle ausschließlich angedrohter lebenslanger Freiheitsstrafe tritt in diesen Fällen eine Freiheitsstrafe von nicht unter zehn Jahren. Sofern der Täter an der Tat beteiligt war, muss sich sein Aufklärungsbeitrag über den eigenen Beitrag hinaus erstrecken. In bestimmten Fällen kann das Gericht auch gänzlich von Strafe absehen. Um einem Missbrauch der Vorschrift vorzubeugen, sieht § 46b Abs. 3 StGB vor, dass eine Milderung sowie das Absehen von Strafe ausgeschlossen sind, wenn der Täter sein Wissen erst offenbart, nachdem die Eröffnung des Hauptverfahrens gegen ihn beschlossen worden ist. Auch wenn die Praxis der Vorschrift im Bereich der OK-Verfolgung eine hervorgehobene Bedeutung zumisst, kommt die Kronzeugenregelung nur selten zur Anwendung (Christoph 2019, S. 421, 517). Anders verhält es sich mit der deliktsbezogenen *kleinen Kronzeugenregelung* des § 31 BtMG im Betäubungsmittelstrafrecht. Danach kann das Gericht ebenfalls die Strafe nach § 49 Abs. 1 StGB mildern oder, sofern nicht eine Freiheitsstrafe von mehr als drei Jahren verwirkt ist, von Strafe absehen, wenn der Täter durch freiwilliges Offenbaren seines Wissens wesentlich dazu beigetragen hat, dass eine Straftat nach den §§ 29 bis 30a BtMG, die mit seiner Tat im Zusammenhang steht, aufgedeckt werden konnte. Gleiches gilt, wenn der Täter durch rechtzeitiges Offenbaren seines Wissens zur Verhinderung einer Straftat nach §§ 29 Abs. 3, 29a Abs. 1, 30 Abs. 1, 30a Abs. 1 BtMG, die mit seiner Tat in Zusammenhang steht, beiträgt. In den Fällen der eigenen Beteiligung des Täters muss sich der Aufklärungsbeitrag über den eigenen Tatbeitrag hinaus erstrecken. Der Aufklärungshilfe kommt in der Rechtspraxis eine immense Bedeutung zu (Maier 2022, § 31 BTMG Rn. 17).

Welchen Einfluss hat das veränderte Kommunikationsverhalten auf die OK-Verfolgung?

Die fortschreitende Digitalisierung hat starken Einfluss darauf, wie Menschen miteinander kommunizieren. Während zu Beginn der 1990er-Jahre noch das Festnetz die Kommunikation prägte, wurde dieses um die Jahrtausendwende nach und nach vom Mobilfunk abgelöst. Diese Entwicklung machten sich auch Kriminelle zunutze und kommunizierten vermehrt über Mobilfunkgeräte. Diese neue Möglichkeit der ortsungebundenen Kommunikation mithilfe von Mobiltelefonen wollten die Ermittler nutzen, um Verdächtige durch die Ortung der Geräte zu identifizieren und Bewegungsprofile zu erstellen. Dafür wurde im Jahr 2002 in § 100i StPO eine Rechtsgrundlage für den Einsatz sog. *IMSI-Catcher* zur Ermittlung des Standortes von aktiv geschalteten Mobilfunkendgeräten und deren Geräte- und Kartennummern geschaffen, welche auch eine Verbesserung der OK-Verfolgung bewirken sollte (vgl. den ersten Entwurf der Bundesländer Bayern und Thüringen BR-Drs. 1014/01). Auch die Entwicklung der Internets hatte große Bedeutung für die Kommunikation und die OK-Verfolgung. So spielte der Zugriff auf E-Mails wie auch das Gewinnen von Informationen aus sozialen Netzwerken eine Rolle im Verfolgungskonzept (Singelnstein 2012, S. 593). Im Rahmen der Ermittlung können neben dem Inhalt der Telekommunikation auch die äußeren Umstände der Telekommunikation, wie beispielsweise die Nummern oder Kennungen der Anschlüsse oder Informationen über Beginn und Ende des Telekommunikationsvorganges bedeutsam sein. Diese sog. Verkehrsdaten können vom Provider gespeichert und durch die Strafverfolgungsbehörden nach der Vorschrift des § 100g StPO abgefragt werden. Nutzungsdaten, die anstelle von Telekommunikationsanbietern von Telemedienanbietern wie z.B. Betreibern von Websites oder Internet-Suchmaschinen gespeichert werden, können die Strafverfolgungsbehörden gem. § 100k StPO ebenfalls zu Zwecken der Strafverfolgung erheben. Dies können beispielsweise in den Browser eingegebene URLs von Internetseiten oder Suchanfragen sein (Rückert 2023, § 100k StPO Rn. 12). Heute prägen vor allem Messengerdienste wie *WhatsApp*, *Telegram* oder *Signal* die Kommunikation. Diese sogenannten *Instant-Messenger-Dienste* ermöglichen eine Echtzeitkommunikation über das Internet und bedienen sich dabei einer Ende-zu-Ende-Verschlüsselung, welche eine Telekommunikationsüberwachung nach § 100a Abs. 1 S. 1 StPO nahezu unmöglich macht. Dass sich auch die OK vermehrt unterschiedlicher Verschlüsselungstechniken bedient, zeigt nicht zuletzt der *EncroChat*-Komplex: Das niederländische Unternehmen bot seinen Kunden besonders ausgestattete Mobiltelefone einschließlich eines Messengers an und bewarb diese als abhörsicher und nicht entschlüsselbar. *EncroChat* hatte weltweit mehr als 60.000 Kunden. Im Jahr 2020 gelang es französischen Behörden, die in Frankreich befindlichen Server sowie die mobilen Endgeräte zu infiltrieren und den gesamten Kommunikationsverkehr der Nutzer zu erfassen (Sommer 2021, S. 67). Das Bundeslagebild für das Jahr 2021 weist insgesamt 187 Ermittlungsverfahren im Zusammenhang mit dem *EncroChat*-Komplex aus, was einem Anteil von 26,9 % aller Verfahren entspricht (BKA 2022a, S. 33). Die Ermittlungsbehörden sind deshalb fortlaufend auf ein Ermittlungsinstrumentarium angewiesen, welches ein Schritthalten mit der OK auf dem Gebiet der konspirativen Kommunikation ermöglicht, das aber auch die Grenzen des Grundrechtsschutzes nicht überschreitet.

Wozu dienen die Quellen-Telekommunikationsüberwachung und die Online-Durchsuchung?

Dadurch, dass ein Großteil der Kommunikation Internetprotokoll basiert erfolgt und die meisten Anbieter von Messenger-Diensten die Kommunikationsinhalte verschlüsseln, läuft der Einsatz von klassischen Telekommunikationsmaßnahmen regelmäßig ins Leere. Denn die Kommunikationsinhalte liegen den Ermittlungsbehörden nach ihrer Ausleitung nur in verschlüsselter Form vor. Eine Entschlüsselung ist für die Behörden dann nur mit einem sehr hohen technischen und zeitlichen Aufwand möglich bzw. gänzlich ausgeschlossen (BT-Drs. 18/12785, S. 46). Um diese Defizite in der Ermittlungsarbeit zu beheben, wurden im Jahr 2017 die Ermittlungsmaßnahmen der Quellen-Telekommunikationsüberwachung (Quellen-TKÜ, § 100a Abs. 1 S. 2 und S. 3 StPO) und der Online-Durchsuchung (§ 100b StPO) in die Strafprozessordnung implementiert. Bei der Quellen-TKÜ werden die Kommunikationsinhalte mithilfe einer heimlich zuvor auf das Gerät gespielten forensischen Software noch vor der Verschlüsselung oder nach ihrer Entschlüsselung auf dem Gerät, also „an der Quelle“ abgefangen. Neben der Verwendung von Software kann auch eine Ausleitung in physikalischer Form, beispielsweise durch Sprachsignale am Audioausgang erfolgen (Henrichs/Weingast 2023, § 100a Rn. 42). Im Unterschied dazu ist die Online-Durchsuchung nicht auf die Überwachung der laufenden Kommunikation beschränkt. Vielmehr können mit der Ermittlungsmaßnahme sämtliche auf dem Gerät gespeicherten Dateien ohne Wissen des Betroffenen eingesehen werden. Damit zielen die beiden Ermittlungsmaßnahmen darauf ab, der zunehmenden Kryptierung im Bereich der OK zu begegnen.

Konnten die Maßnahmen bislang Wirksamkeit entfalten?

Die Zahl der Anordnungen (Erst- und Verlängerungsanordnungen) klassischer Telekommunikationsüberwachungsmaßnahmen ist wegen der zunehmenden Kryptierung und damit einhergehenden Wirkungslosigkeit der Ermittlungsmaßnahme seit Jahren rückläufig. Während im Jahr 2015 noch 22.590 Anordnungen ausgewiesen wurden, betrug die Zahl im Jahr 2020 nur noch 17.731 Anordnungen (einschließlich Quellen-TKÜ). Da die Ermittlungsmaßnahmen der Quellen-TKÜ und Online-Durchsuchung gerade mit dem Ziel eingeführt wurden, die durch die Kryptierung entstandenen Probleme zu beheben, wäre davon auszugehen, dass sich die veränderten Ermittlungen auch in den amtlichen Statistiken widerspiegeln. Ein Blick auf die tatsächlichen Anordnungszahlen offenbart jedoch ein gegenteiliges Ergebnis. So wurden im Jahr 2020 lediglich 25 Maßnahmen der Quellen-TKÜ angeordnet, von denen nur 14 Maßnahmen tatsächlich durchgeführt wurden. Die Quellen-TKÜ wurde inklusive Verlängerungsanordnungen insgesamt 23-mal angeordnet, aber lediglich acht Mal tatsächlich durchgeführt. Vor dem Hintergrund der Rechtstatsächlichkeit verwundert die Auffassung der Bundesregierung, welche in den Maßnahmen wichtige Ermittlungsinstrumente zur Strafverfolgung in den Fällen von kryptierter Kommunikation sieht (BT-Drs. 20/3333, S. 11 f.). Die Probleme, welche eine häufigere Anwendung der Ermittlungsmaßnahmen verhindern, sind überwiegend tatsächlicher Natur. Denn das Aufspielen der Software wird regelmäßig nur dann technisch sicher gewährleistet werden können, wenn es unmittelbar an dem Gerät erfolgt. Die Nutzung von Netzwerkverbindungen zum Aufspielen setzt aufgrund moderner Betriebssysteme samt Virenprogrammen meistens die unbewusste Mitwirkung des betroffenen Nutzers voraus, sodass der Erfolg der Ermittlungsbehörden vom Zufall abhängt. (Henrich/Weingast 2023, § 100a Rn. 46).

Onlinetipp

Bundesamt für Justiz, Statistiken der Telekommunikationsüberwachung und Online-Durchsuchung, abrufbar unter:

https://www.bundesjustizamt.de/DE/Service/Justizstatistiken/Justizstatistiken_node.html#AnkerDokument44152 (Stand 10.07.2023)

Welche Ermittlungsmaßnahmen sind gegen OK erfolgreich?

Für ein erfolgreiches Vorgehen gegen die OK haben sich in der Vergangenheit zwei Ermittlungsstrategien bewährt: Struktur- und Finanzermittlungen. Im Bereich der Strukturermittlungen hat sich gezeigt, dass nur eine Ausermittlung der Struktur krimineller Gruppierungen einschließlich der Hintermänner und Drahtzieher und der Kommunikationsstrukturen, Lieferketten und Vertriebswege eine nachhaltige Zerschlagung von OK-Gruppierungen ermöglicht (Sinn 2023, S. 770). Für diese Strukturermittlungen ist die Infiltration nach wie vor das Mittel der Wahl. Derzeit befinden sich deutsche Ermittlungsbehörden auf der zweiten Stufe der Infiltration, die neben den personalen Ermittlungen (erste Stufe, → S. 126 f.) auch die technische Infiltration in Form der Quellen-TKÜ und Online-Durchsuchung umfasst (Sinn 2023, S. 778 und → S. 131). Auf der dritten Infiltrationsstufe werden zusätzlich zu den bisherigen Ermittlungsmethoden ganze kriminelle Handelsplätze im *Darknet* übernommen und zum Schein weiterbetrieben. Ein solches Vorgehen der Strafverfolgungsbehörden hat beispielsweise in den Niederlanden und Australien für Ermittlungserfolge gesorgt (Sinn 2023, S. 778). Noch intensiver wird die Infiltration auf der vierten Infiltrationsstufe, auf welcher die Behörden das Infiltrationsequipment selbst entwickeln und verdeckt an vermutliche OK-Angehörige vertreiben. Bekannt wurde diese Stufe der Infiltration durch die vom amerikanischen *FBI* in Zusammenarbeit mit der *australischen Bundespolizei* entwickelten und abhörsicher vertriebenen Krypto-App *ANOM*. Im Zuge dieser Infiltration konnten bei der gemeinsamen Polizeioperation *Trojan Shield* im

Jahr 2021 in mindestens 16 Ländern 800 Tatverdächtige festgenommen werden. (Sinn 2023, S. 778 f.)

Mit den Finanzermittlungen wird zusätzlich eine *Follow-the-money-Strategie* verfolgt. OK-Aktivitäten erfolgen im Regelfall in Gewinnerzielungsabsicht. Häufig lassen sich daher im Zusammenhang mit OK auch Geldwäscheaktivitäten feststellen, die dem Rückfluss der kriminellen Erträge in den legalen Wirtschaftskreislauf dienen. Zur Verschleierung der Herkunft kriminellen Vermögens wird zunehmend auch auf Kryptowährungen zurückgegriffen (→ S. 174). Eine effektive OK-Bekämpfung setzt daher eine umfassende Ermittlung der Finanzstrukturen und eine konsequente Entziehung deliktisch erlangter Vermögenswerte voraus. Dem Bundeslagebild OK zufolge wurden im Jahr 2022 in 91 % der OK-Verfahren zusätzliche Finanzermittlungen geführt (BKA 2022a, S. 12). Häufig kann die Spur des Geldes Verbindungen zwischen kriminellen Personen und Netzwerken sowie Verstrickungen legaler und illegaler Geschäftsstrukturen offenbaren und damit den Ausgangspunkt für weitere Strukturermittlungen bilden. Finanzermittlungen können durch die Finanzbehörden auch verdachtsunabhängig geführt werden. Gerade im grenzüberschreitenden Bereich spielen daher die Finanzbehörden eine große Rolle. So erforschen und verfolgen die Behörden des Zollfahndungsdienstes gem. § 1 Abs. 5 ZollVG die Geldwäsche, sofern diese im Zusammenhang mit dem grenzüberschreitenden Verkehr von Barmitteln und gleichgestellten Zahlungsmitteln oder mit Straftaten, die in die Ermittlungszuständigkeit der Zollbehörden fallen, steht. Zur Ausübung ihrer Aufgaben können die Behörden des Zollfahndungsdienstes auf die Befugnisse aus § 10 ZollVG zurückgreifen, um Personen und Beförderungsmittel im grenznahen Raum anzuhalten und bestimmte Überprüfungs- und Durchsuchungsmaßnahmen durchzuführen. Diese verdachtsunabhängigen Kontrollen werden häufig von gemeinsamen Finanzermittlungsgruppen von Polizei und dem Zoll durchgeführt (Sinn 2018, S. 97). Entscheidend für erfolgreiche OK-Ermittlungen ist ein behördenübergreifender Ansatz, in dessen Zentrum eine umfassende Informationsgewinnung und Auswertung steht, um OK-Strukturen zu erkennen.

Literaturtipp

Näher zu den Infiltrationstufen: Sinn 2023, S. 767 ff.

III. Die grenzüberschreitende OK-Verfolgung

Weshalb bedarf es einer grenzüberschreitenden OK-Verfolgung?

OK macht nicht an Ländergrenzen halt. Die Entstehung eines Europas ohne Grenzkontrollen mit der Entwicklung eines gemeinsamen Wirtschaftsraumes hat sich auch die OK zunutze gemacht. Mittlerweile ist eine grenzüberschreitende Aktivität der OK der Regelfall, Europa hat sich auch für die OK zu einem einheitlichen Aktionsraum entwickelt. Den Angaben von *Europol* zufolge sind heute fast 70 % der OK-Gruppierungen in mehr als drei Ländern tätig (Europol 2021a, S. 19). Im Jahr 2021 wurde auch in Deutschland in mehr als zwei Drittel der geführten Ermittlungsverfahren eine internationale Tatbegehung und/oder eine Kooperation mit OK-Gruppierungen aus dem Ausland festgestellt (BKA 2022a, S. 51). Eine nachhaltige Bekämpfung von OK-Strukturen setzt deshalb auch einen länderübergreifenden Ansatz voraus, um zu verhindern, dass sich OK-Gruppierungen durch gezielte Verlagerung ihrer Tätigkeiten der Strafverfolgung entziehen. Ein Beispiel:

> Ein solcher Verlagerungseffekt zeigt sich bei der systematischen Sprengung von Geldautomaten. Während zunächst die Niederlande schwerpunktmäßig von dem Phänomen betroffen war, führte die Entwicklung umfassender Präventionsstrategien dazu, dass die Gruppierungen ihre Tätigkeiten in das Grenzgebiet Nordrhein-Westfalens verlagerten. Bei den in Deutschland festgestellten Tatverdächtigen handelt es sich überwiegend um in den Niederlanden ansässige Personen, welche in der Form eines kriminellen Netzwerkes organisiert sind und anlassbezogen in wechselnder Zusammensetzung und unterschiedlichen Tatbeteiligungsverhältnissen agieren. Im

niederländischen Utrecht konnte sogar ein Trainingszentrum für die Automatensprengung identifiziert werden (BKA 2022b, S. 8).

Wie bekämpft die Europäische Union OK?

Die Prioritäten der OK-Bekämpfung auf EU-Ebene werden im Rahmen der *Europäischen multidisziplinären Plattform gegen kriminelle Bedrohungen* (EMPACT) gesetzt. Bei EMPACT handelt es sich um eine Analyseinstrument, mit dessen Hilfe die EU die Leitlinien der OK-Bekämpfung für einen bestimmten Zeitraum festlegt und welches die Anstrengungen der unterschiedlichen Behörden und Institutionen koordiniert. Zu diesem Zweck haben die Mitgliedstaaten im Jahr 2021 beschlossen, EMPACT in ein ständiges Instrument zur Bekämpfung schwerer und Organisierter Kriminalität mit Vierjahreszyklen umzuwandeln (Rat der EU, Dok. 6481/21). Erstmalig eingeführt wurde ein solcher Politikzyklus durch die Schlussfolgerungen des Rates aus dem Jahr 2010 (Rat der EU, Dok. 15358/10). Der Prozesszyklus wird in vier Schritten durchlaufen. An erster Stelle steht das *European Union Serious and Organised Crime Threat Assessment* (EU SOCTA) als detaillierte Bestandsaufnahme der OK in der EU mit der Analyse aktueller Trends und Bedrohungen. Auf Grundlage dieser Bestandsaufnahme werden im Anschluss durch den Rat eine begrenzte Anzahl an Prioritäten festgelegt. Außerdem wird ein allgemeiner Strategieplan mit gemeinsamen horizontalen strategischen Zielen erarbeitet. Die Prioritäten im aktuellen Politikzyklus 2022–2025 sind die Bekämpfung von kriminellen Netzwerken, Cyber-Angriffen, Menschenhandel, sexueller Ausbeutung von Kindern, Migrantenschleusung, Drogenhandel, Betrug, Wirtschafts- und Finanzkriminalität, Organisierter Eigentumskriminalität, Umweltkriminalität und Illegalem Handel mit Feuerwaffen (Rat der EU, Dok. 8665/21). Auf Grundlage des *EU SOCTA* wurde auch die aktuelle EU-Strategie zur Bekämpfung der Organisierten Kriminalität für den Zeitraum 2021–2025 erarbeitet. Schwerpunkte der Strategie sind die Förderung der Zusammenarbeit zwischen Strafverfolgungs- und Justizbehörden, die Zerschlagung von OK-Strukturen sowie der Ausschluss von Gewinnen der OK und die Verhinderung des Eindringens in die legale Wirtschaft und Gesellschaft, als auch die Anpassung von Strafverfolgung und Justiz an das digitale Zeitalter (KOM (2021)170 endg.). Ausgehend von den Prioritäten werden dann jährliche Aktionspläne *Operational Action Plans* (OAPs) entwickelt, um die priorisierten Bedrohungen anzugehen. Die Überwachung der Umsetzung und die Bewertung der Ergebnisse OAPs erfolgt durch den *Ständigen Ausschuss für die operative Zusammenarbeit im Bereich der inneren Sicherheit* (COSI). Am Ende des Zyklus erfolgt eine unabhängige Evaluation der gesamten EMPACT-Umsetzung und deren Ergebnisse, welche gleichzeitig den Ausgangspunkt für die Entwicklung des nächsten EMPACT-Zyklus bildet.

Literatur- und Onlinetipps

Schlussfolgerungen des Rates über die Festlegung der EU-Prioritäten für die Bekämpfung der schweren und organisierten Kriminalität im EMPACT- Zyklus 2022–2025, Dok. 8665/21.

Europol, European Union Serious and Organised Crime Threat Assessment (SOCTA) 2021, abrufbar unter:
https://www.europol.europa.eu/publication-events/main-reports/european-union-serious-and-organised-crime-threat-assessment-socta-2021
(Stand 10.07.2023)

Mitteilung an das Europäische Parlament, den Rat, den Europäischen Wirtschafts- und Sozialausschuss und den Ausschuss der Regionen über eine EU-Strategie zur Bekämpfung der organisierten Kriminalität 2021–2025, KOM (2021)170 endg.

Welche Instrumente wurden zur grenzüberschreitenden Verfolgung von OK eingeführt?

Dadurch, dass ein Großteil der OK-Gruppierungen grenzüberschreitend agiert, können bei OK-Ermittlungen mehrere Mitgliedstaaten und damit auch verschiedene Rechtsordnungen betroffen sein. Die EU-Bemühungen auf diesem Gebiet zielen deshalb darauf ab, grenzüberschreitende Ermittlungen zu vereinfachen. Um zu verhindern, dass Ermittlungen durch Ländergrenzen erschwert werden, wurde dabei zum einen die polizeiliche Zusammenarbeit verbessert. So wurden im Zuge des Abbaus von Grenzkontrollen durch das *Schengener Durchführungsübereinkommen* (kurz: SDÜ, ABL. EG 2000 Nr. L 239, S. 19) Regelungen zur grenzüberschreitenden Observation (Art. 40 SDÜ) und Nacheile (Art. 41 SDÜ) getroffen. Auf diese Weise wurden die Strafverfolgungsbehörden in bestimmten Fällen zur Fortsetzung ihrer Ermittlungstätigkeit auf dem Hoheitsgebiet eines anderen Mitgliedstaates ermächtigt. Einen weiteren Schwerpunkt bildete der grenzüberschreitende Zugriff auf Informationen, der durch die Einrichtung des *Schengener Informationssystems* (SIS) ermöglicht wurde. Das SIS, welches in den Folgejahren stetig weiterentwickelt wurde, ermöglicht eine einheitliche Personen- und Sachfahndung über eine zentrale Datenbank. Ebenfalls wesentlich für den Informationsaustausch war der Prümer-Vertrag, der nach dem Vertragsschluss im Jahr 2005 durch den Beschluss 2008/615/JI des Rates (ABL. EU 2008 Nr. L 210, S. 1) in den Rechtsrahmen der EU überführt wurde. Der Vertrag sieht unter anderem die automatisierte Übermittlung von DNA-Profilen und Daten aus Fahrzeugregistern vor. Außerdem wurde die Möglichkeit zur Durchführung gemeinsamer Streifen und sonstiger gemeinsamer Einsatzformen vorgesehen. Bedeutsam für die Durchführung grenzüberschreitender Ermittlungen ist außerdem die Bildung gemeinsamer Ermittlungsgruppen durch die zuständigen Behörden mehrerer Mitgliedstaaten, welche in Art. 13 des EU-Rechtshilfeübereinkommens (ABL. EG 2000 Nr. C 197, S. 3) vorgesehen ist. Die weitere Verbesserung der operativen polizeilichen Zusammenarbeit sowie des Informationsaustausches sind aktuell Teil der Bestrebungen um einen EU-Kodex für die polizeiliche Zusammenarbeit (vgl. KOM (2021) 780 endg., KOM (2021) 783 endg. und KOM (2021) 784 endg.).

Eine zentrale Rolle für die Beweisgewinnung in grenzüberschreitenden Verfahren nimmt die Richtlinie 2014/41/EU über die *Europäische Ermittlungsanordnung* in Strafsachen (kurz: EEA-RL, ABl. EU 2014 Nr. L 130, S. 1) ein. Bei der EEA handelt es sich gem. Art. 1 Abs. 1 EEA-RL um eine gerichtliche Entscheidung, die von einer Justizbehörde eines Mitgliedstaats zur Durchführung einer oder mehrerer spezifischer Ermittlungsmaßnahme(n) in einem anderen Mitgliedstaat zur Erlangung von Beweisen gemäß der RL erlassen oder validiert wird. Voraussetzung für den Erlass einer EEA ist, dass sie notwendig und verhältnismä-

ßig ist und die begehrte Ermittlungsmaßnahme nach dem Recht des Anordnungsstaates auch in einem vergleichbaren innerstaatlichen Fall unter denselben Bedingungen hätte angeordnet werden können (Art. 6 EEA-RL). Sofern keine ausdrücklichen Zurückweisungsgründe im nationalen Recht des Vollstreckungsstaates bestehen, ist dieser zur Anerkennung und Vollstreckung der EEA verpflichtet (Art. 9 EEA-RL). Die EEA beruht auf dem Grundsatz der gegenseitigen Anerkennung gerichtlicher Urteile und Entscheidungen, welcher in Art. 82 AEUV primärrechtlich verankert ist. Auch der Erlass eines Europäischen Haftbefehls, welcher im Jahr 2002 durch den Rahmenbeschluss 2002/584/JI (ABl. EG 2002 Nr. L 190) zur Vereinfachung und Beschleunigung der Auslieferung von Straftätern in den EU-Mitgliedstaaten eingeführt wurde, beruht auf dem Grundsatz gegenseitiger Anerkennung.
Aktuell beschäftigt sich die EU auch mit den Herausforderungen, welche die Digitalisierung für die Strafverfolgung und insbesondere den Zugang zu Beweismitteln mit sich bringt. Die Begehung von Straftaten erfolgt vermehrt unter der Nutzung technologischer Hilfsmittel, wobei häufig Beweismittel anfallen, die in anderen Ländern gespeichert sind. Der Zugriff auf diese Beweismittel erfordert jedoch häufig lange und komplizierte Rechtshilfeverfahren. Mithilfe einer neuen Verordnung (*E-Evidence VO*) soll den Strafverfolgungsbehörden nunmehr der direkte Zugriff auf Daten, welche von privaten Diensteanbietern in der EU gespeichert werden, ermöglicht werden.

Onlinetipp

Zur E-Evidence Verordnung:
https://www.consilium.europa.eu/de/policies/e-evidence/ (Stand 10.07.2023)

Welche institutionellen Entwicklungen hat es gegeben?

Auch auf institutioneller Ebene hat es zahlreiche Entwicklungen gegeben, die auf eine Effektivierung der Bekämpfung grenzüberschreitender Kriminalität abzielen. Im polizeilichen Bereich ist allen voran die Errichtung von *Europol* zu sehen. Die Schaffung eines Europäischen Polizeiamtes zur Verhütung und Bekämpfung des Terrorismus, des illegalen Drogenhandels und sonstiger schwerwiegender Formen der internationalen Kriminalität wurde bereits im *Vertrag von Maastricht* im Jahr 1992 festgeschrieben. Die Behörde mit Sitz in Den Haag nahm ihre Tätigkeit im Jahr 1999 auf. Nach Art. 88 Abs. 1 AEUV hat *Europol* den Auftrag, die Tätigkeit der Polizeibehörden und der anderen Strafverfolgungsbehörden der Mitgliedstaaten sowie deren gegenseitige Zusammenarbeit bei der Verhütung und Bekämpfung der zwei oder mehr Mitgliedstaaten betreffenden schweren Kriminalität, des Terrorismus und der Kriminalitätsformen, die ein gemeinsames Interesse verletzen, das Gegenstand einer Politik der Union ist, zu unterstützen und zu verstärken. Zu den Aufgaben *Europols* zählen gem. Art. 88 Abs. 2 AEUV das Einholen, Speichern, Verarbeiten, Analysieren und Austauschen von Informationen. Außerdem kann *Europol* die Koordinierung, Organisation und Durchführung von Ermittlungen und von operativen Maßnahmen, die gemeinsam mit den zuständigen Behörden der Mitgliedstaaten oder im Rahmen gemeinsamer Ermittlungsgruppen durchgeführt werden, übernehmen. Nach Art. 88 Abs. 3 S. 2 AEUV bleibt die Durchführung von Zwangsmaßnahmen hingegen allein den einzelstaatlichen Behörden vorbehalten. Die Grundlagen von *Europol* werden durch die Verordnung 2016/794 vom 11.05.2016 über die *Agentur der Europäischen Union für die Zusammenarbeit auf dem Gebiet der Strafverfolgung* (Europol) geregelt (ABl. EU 2016 Nr. L 135/53). Als justizielles Pendant zu *Europol* wurde im Jahr 1999 auf dem EU-Sondergipfel in Tampere die Errichtung von *Eurojust* als zentrale europäische Auskunfts-, Dokumentations- und Clearingstelle für die grenzüberschreitende justizielle Zusammenarbeit in Strafsachen beschlossen. Die Gründung der Behörde mit dem Sitz in Den Haag erfolgte im Jahr 2022 durch den Ratsbeschluss 2002/187/JI vom 28.02.2002. Gem. Art. 85 Abs. 1 AEUV hat Eurojust den Auftrag, die Koordinierung und Zusammenarbeit zwischen den nationalen Behörden zu unterstützen und zu verstärken, die für die Ermittlung und Verfolgung von schwerer Kriminalität zuständig sind, wenn zwei oder mehr Mitgliedstaaten betroffen sind oder eine Verfolgung auf gemeinsamer Grundlage erforderlich ist. Zu den Aufgaben von *Eurojust* gehören gem. Art. 85 Abs. 2 AEUV die Einleitung von strafrechtlichen Ermittlungsmaßnahmen sowie das Unterbreiten von Vorschlägen zur Einleitung von strafrechtlichen Verfolgungsmaßnahmen, die von den zuständigen nationalen Behörden durchgeführt werden, insbesondere bei Straftaten zum Nachteil der finanziellen Interessen der Union sowie die Koordinierung der Ermittlungs- und Verfolgungsmaßnahmen und die Verstärkung der justiziellen Zusammenarbeit, unter anderem auch durch die Beilegung von Kompetenzkonflikten und eine enge Zusammenarbeit mit dem *Europäischen Justiziellen Netz.*

Darüber hinaus misst die Europäische Union auch dem Schutz ihrer eigenen finanziellen Interessen besondere Bedeutung bei, was sich ebenfalls in den institutionellen Entwicklungen widerspiegelt. So wurde 1999 die Errichtung des *Europäischen Amt für Betrugsbekämpfung* (Office Europeen de Lutte Anti-Fraude, kurz *OLAF*) durch die Kommission beschlossen (Beschl. 1999/352/EG, EGKS, Euratom, ABl.1999 Nr. L 136). *OLAF* folgt dem Ziel der intensiveren Bekämpfung von Betrug, Korruption und sonstigen rechtswidrigen Handlungen zum Nachteil der finanziellen Interessen der Europäischen Union. Das Amt ist in organisatorischer Hinsicht in die Verwaltungsstruktur der Kommission eingegliedert, sie agiert jedoch als unabhängige Dienststelle. *OLAF* erfüllt sowohl konzeptuelle und legislative Aufgaben wie auch konkrete Untersuchungsbefugnisse. Dazu erarbeitet *OLAF* verschiedene Konzepte zur Betrugsbekämpfung und bereitet Gesetzgebungsinitiativen der Kommission in diesem Bereich vor. Im operativen Bereich kann *OLAF* externe Untersuchungen vornehmen, welche direkt bei den Wirtschaftsteilnehmern vor Ort erfolgen können. Außerdem ist OLAF auch zu internen Untersuchungen bei Organen, Einrichtungen und durch Sekundärrecht geschaffenen Institutionen befugt. Die primärrechtliche Grundlage findet sich in Art. 325 AEUV. Die Aufgaben und Befugnisse von *OLAF* sind in der Verordnung 883/2013 des Europäischen Parlaments und des Rates (ABl. 2013 Nr. L 248/1) festgelegt.

Auch die jüngste europäische Strafverfolgungsbehörde, die *Europäische Staatsanwaltschaft* (EUStA) wurde zum Schutz der finanziellen Interessen der Union geschaffen. Nachdem eine Einigung der Mitgliedsstaaten auf einen Verordnungsentwurf (VO-E 5766/17) nicht erreicht werden konnte, mündeten die Bestrebungen der weiterhin interessierten Staaten in einer verstärkten Zusammenarbeit zur Errichtung der Europäischen Staatsanwaltschaft (VO 2017/1939). An der *EUStA*, die ihre Tätigkeit am 1. Juni 2021 aufnahm und ihren Sitz in Luxemburg hat, sind aktuell 22 Mitgliedstaaten beteiligt, darunter auch Deutschland. Organisatorisch besteht die *EUStA* aus einer zentralen und dezentralen Ebene. Zur zentralen Ebene gehören der *Europäische Generalstaatsanwalt*, der die EUStA leitet, deren Arbeit organisiert und die Behörde nach außen vertritt, sowie die aktuell 22 Europäischen Staatsanwälte der teilnehmenden Mitgliedstaaten, von denen zwei als Stellvertreter des Europäische Generalstaatsanwaltes fungieren und der Verwaltungsdirektor, welche gemeinsam die Ermittlungen der nationalen Behörden beaufsichtigen. Die dezentrale Ebene wiederum bilden die Delegierten Europäischen Staatsanwälte in den teilnehmenden Mitgliedstaaten, die für die Durchführung der Ermittlungen und Strafverfolgungsmaßnahmen zuständig sind. Die *EUStA* ist gem. Art. 86 Abs. 2 AEUV zuständig für die strafrechtliche Untersuchung und Verfolgung sowie die Anklageerhebung in Bezug auf Personen, die als Täter oder Teilnehmer Straftaten zum Nachteil der finanziellen Interessen der Union begangen haben, welche in der *EUStA VO* festgelegt sind. Die Europäische Staatsanwaltschaft nimmt bei diesen Straftaten vor den zuständigen Gerichten der Mitgliedstaaten die Aufgaben der Staatsanwaltschaft wahr.

Damit betrafen die institutionellen Entwicklungen zum einen die generelle Unterstützung der Mitgliedstaaten bei OK-Ermittlungen, andererseits den Ausbau von Strukturen zur Bekämpfung von Straftaten, die sich gegen die finanziellen Interessen der Union selbst richten.

Welche rechtlichen Probleme bringen grenzüberschreitende Ermittlungen mit sich?

Der Einsatz der für OK-Komplexe typischen verdeckten Ermittlungsmaßnahmen ist gerade in grenzüberschreitenden Ermittlungen mit rechtlichen Problemen verbunden. Dies liegt vor allem daran, dass der Vollzug von Strafverfolgungsmaßnahmen durch nationale Strafverfolgungsorgane auf der Grundlage nationalen Rechts stattfindet. Der völkerrechtliche Grundsatz der Staatensouveränität verbietet es, dass Strafverfolgungsorgane eines Landes auf dem Territorium eines anderen Landes ohne Rechtsgrundlage dafür ermitteln. Sollen Beweise in einem nationalen Verfahren in einem anderen Land erhoben werden, so geschieht dies im Rahmen der entsprechenden *Rechtshilfevorschriften.* Im Bereich der EU hat sich durch die *Europäische Ermittlungsanordnung* (EEA) die transnationale Beweiserhebung vereinfacht und beschleunigt (dazu → S. 138 f.). Vergleichbare Regelungen exitieren aber nicht im Verhältnis zu Drittstaaten. Der grenzüberschreitende Beweistransfer innerhalb der EU auf der Grundlage der *EEA* ist aber trotz aller Fortschritte nicht unproblematisch. Besonders deutlich wird dies bei der Infiltration von OK-Gruppierungen. Die nationalen Infiltrationskonzepte (verdeckte Ermittlungsmaßnahmen, → S. 133 ff.) sind durch den Gesetzgeber mit Schutzkonzepten versehen worden, die in Abhängigkeit von der Eingriffsqualität der Ermittlungsmaßnahmen variieren. Zu dem Schutzkonzept der deutschen Ermittlungsmaßnahmen zählen Richtervorbehalt, qualifizierte Tatsachengrundlage, Einzelfallprüfung, Subsidiarität, Straftatenkatalog und der Kernbereichsschutz (Sinn 2023, S. 775 f.). Diese Eingriffsvoraussetzungen sind Ausfluss des Verhältnismäßigkeitsgrundsatzes. Auf diese Weise wurden die verschiedenen Interessen, nämlich die Pflicht des Staates zum Rechtsgüterschutz und der Aufklärung von Straftaten und das Interesse des Einzelnen an der Wahrung seiner durch die Verfassung garantierten Rechte durch den Gesetzgeber zum Ausgleich gebracht (BVerfGE 120, S. 274, 326). Gerade die unterschiedliche Ausprägung der Schutzkonzepte in den nationalen Rechtssystemen, die gleichzeitig auch Ausdruck nationaler Identität ist, kann in grenzüberschreitenden Verfahren mit dem Prinzip der gegenseitigen Anerkennung, welches dem Beweistransfer aus EU-Ebene zugrunde liegt, kollidieren. Insoweit besteht die Gefahr der gezielten Umgehung nationaler Schutzkonzepte in Form der Durchführung von Ermittlungsmaßnahmen durch ausländische Behörden (sogenanntes *Befugnis-Shopping*). Ein Beispiel für das Aufeinandertreffen verschiedener Schutzkonzepte bietet der *EncroChat*-Komplex:

> Im Rahmen des *EncroChat*-Komplexes erlangten deutsche Strafverfolgungsbehörden Daten, die durch französische Behörden im Rahmen einer gemeinsamen Ermittlungsgruppe mit den Niederlanden bei Ermittlungen wegen u.a. Verdachts der Bildung einer kriminellen Vereinigung zur Begehung von Straftaten und Verbrechen erlangt wurden. Zu diesem Zweck war es den Ermittlern unter Beteiligung von *Eurojust* und *Europol* im Frühjahr 2020 gelungen, in den Server einzudringen und die Kommunikation zu entschlüsseln (zu den Einzelheiten vgl. OLG Schleswig BeckRS 2021, S. 10202). Die Informationen, die deutsche Interessen betrafen, wurden dem *BKA* im Wege des polizeilichen Informationsaustausches weitergeleitet und mittels einer *EEA* zur Grundlage der Einleitung von Strafverfahren in Deutschland gemacht. Anders als in Deutschland war die Anordnung der Infiltrationsmaßnahmen in Frankreich auch ohne konkreten Anfangsverdacht im Rahmen von Voruntersuchungen in Zusammenhang mit OK zulässig (Wahl 2021, S. 455). Die

Frage der Verwertbarkeit der so erlangten Beweismittel beschäftigt aktuell die deutsche Rechtsprechung (BGHSt 67, S. 29; vgl. auch BGH BeckRS 2022, 2981; BeckRS 2022, 7803; BeckRS 2022, 18570; BeckRS 2022, 18923; BeckRS 2022, 22161).

Abschnitt 7: Der administrative Ansatz | Yari Dennhardt

Die OK nutzt für ihre Tätigkeiten zunehmend die legale Infrastruktur. Es liegt deshalb nahe, auch die Verwaltungsbehörden in die OK-Bekämpfung einzubeziehen. Das auf EU-Ebene entwickelte Konzept des administrativen Ansatzes kann dabei helfen. Länder wie die Niederlande oder Belgien zeigen dies bereits. Auch in Deutschland spielt das Konzept zunehmend eine Rolle, auch wenn es Hürden und Grenzen gibt.

I. Das europäische Konzept

Was ist der administrative Ansatz?

Die Tätigkeiten der OK zielen mehrheitlich auf die Erlangung von finanziellen Vorteilen ab. Die Triebfeder ist also in den meisten Fällen das Geld. Dabei ist die OK häufig auf die Nutzung der legalen Infrastruktur angewiesen. Deshalb überrascht es auch nicht, dass mehr als 80 % der in der EU aktiven kriminellen Gruppierungen legale Geschäftsstrukturen für ihre Zwecke nutzen (Europol 2021a, S. 11). So werden zur Geldwäsche verschiedenste Wirtschaftssektoren genutzt. Dazu zählen beispielsweise der Immobilien- und Glücksspielsektor sowie das Gastronomiegewerbe (Bundesministerium der Finanzen 2019, S. 103 ff.). Gleichzeitig werden vermeintlich legale Wirtschaftszweige auch zur Begehung von weiteren Straftaten genutzt. Ein Beispiel:

> Im Bereich der Kriminalität im Zusammenhang mit dem Wirtschaftsleben weist das Bundeslagebild OK für das Jahr 2021 Verfahren aus, die auf die unrechtmäßige Beantragung der von der Bundesregierung bereitgestellten Corona-Soforthilfen zurückzuführen sind. In 6,6 % aller gemeldeten OK-Verfahren ließen sich Bezüge zur Corona-Pandemie feststellen. Die Erschließung neuer Tätigkeitsfelder und veränderter Modi Operandi verdeutlicht die Anpassungsfähigkeit der OK im Zuge veränderter Rahmenbedingungen.

Die hierfür notwendige Ausnutzung der legalen Infrastruktur setzt häufig die Mitwirkung der Verwaltungsbehörden voraus. Das Betreiben eines Gaststättengewerbes erfordert beispielsweise eine Erlaubnis nach § 2 Abs. 1 GastG, das Betreiben eines Prostitutionsgewerbes ist gem. § 12 Abs. 1 ProstSchG ebenfalls erlaubnispflichtig. Deshalb besteht in vielen Fällen die Gefahr, dass die OK wirtschaftliche Strukturen gezielt unterwandert. Die Gefahr der Unterwanderung wird auch durch die Bundesregierung als eines der wichtigsten künftigen OK-Bedrohungspotenziale bewertet (BT-Drs. 20/3333, S. 3). An diesem Punkt des Übergangs von der „Unterwelt“ in die legale Infrastruktur setzt der administrative Ansatz an. Das Konzept zielt auf eine Einbindung der Verwaltungsbehörden in die OK-Bewältigung ab. Dabei sollen die Behörden mit ihrem spezifischen Handlungsinstrumentarium eine Unterwanderung der legalen Infrastruktur durch die OK verhindern und bekämpfen. Haben die Behörden hinreichende Informationen über einen Antragsteller, kann eine beantragte Entscheidung verweigert oder eine bereits erteilte Entscheidung widerrufen werden. Gleichzeitig sind die Verwaltungsbehörden auch häufig über aktuelle Entwicklungen verschiedenster Wirtschaftssektoren innerhalb ihrer Zuständigkeit informiert. Diese Informationen können auch für andere Partner in der OK-Bewältigung von Interesse sein. Deshalb erfordert die gemeinsame Erhellung komplexer OK-Strukturen eine Form der Zusammenarbeit, bei der alle relevanten Informationen zwischen den Partnern ausgetauscht werden.

Literaturtipp

Dennhardt, Y. (2022). Der administrative Ansatz – Der Weg zu einem ganzheitlichen Konzept in der Bewältigung organisierter Kriminalität? Zeitschrift für Internationale Strafrechtswissenschaft, S. 507–514.

Woher stammt der administrative Ansatz?

Die Idee, auch andere Behörden in die Bewältigung der OK einzubeziehen, ist grundsätzlich nicht neu. Schon in den *Gemeinsamen Richtlinien* der Justizminister/-senatoren und der Innenminister/-senatoren der Länder über die Zusammenarbeit bei der Verfolgung der OK von 1990 wurde festgestellt, dass die OK nicht allein mit strafrechtlichen Mitteln erfolgreich bekämpft werden könne. Die von der OK ausgehenden Gefahren sollten deshalb auch bei den Entscheidungen der Ordnungsbehörden und anderen Verwaltungsbehörden Berücksichtigung finden. Dort wurde ebenfalls hervorgehoben, dass die Verwaltungsbehörden zur Aufklärung beitragen können, indem sie den Strafverfolgungsbehörden relevante Erkenntnisse mitteilen (8.2 der *Gemeinsamen Richtlinien*). Gleichwohl wurde dieser Gedanke erst später auf europäischer Ebene zu einem neuen OK-Bewältigungskonzept weiterentwickelt. Dabei wurde

zunächst im Jahr 2010 im *Stockholmer Programm* festgestellt, dass die verwaltungsbehördlichen Kompetenzen zur Senkung der Kriminalitätsrate in Europa eingesetzt werden könnten, da die Behörden häufig für die Überwachung bestimmter Wirtschaftssektoren zuständig seien. Um zu ermöglichen, dass die von den einzelnen Mitgliedstaaten entwickelten Verwaltungsmaßnahmen auch mit anderen Ländern geteilt werden können, wurde im Jahr 2010 das *Informelle Netz der Kontaktstellen für den administrativen Ansatz zur Verhütung und Bekämpfung der OK* geschaffen. Die durch die Mitgliedstaaten benannten Kontaktstellen sollten einen Austausch bewährter Praktiken auf EU-Ebene ermöglichen und einen gemeinsamen europäischen administrativen Ansatz verfolgen, der vor allem den grenzüberschreitenden Charakter der OK in den Mittelpunkt stellt. Die Arbeit des Netzwerkes wurde in der Folge auf alle Bereiche der OK ausgeweitet und das Netzwerk wurde stetig weiterentwickelt. So wurde im Jahr 2013 auch eine *Europol-Experten-Plattform* geschaffen. Diese von *Europol* betriebene Kommunikationsplattform sollte den gemeinsamen Austausch weiter vereinfachen.
Das Netzwerk wurde im Jahr 2018 in das *Europäische Netz für den administrativen Ansatz zur Bekämpfung der schweren und organisierten Kriminalität* (ENAA) umbenannt. Zum Aufbau des *ENAA*:

> Das *ENAA* wird durch von den EU-Mitgliedsstaaten benannte Kontaktstellen gebildet. Angeführt wird das Netzwerk von einer Kerngruppe aus den Kontaktstellen von vier Mitgliedstaaten für eine Amtszeit von jeweils 24 Monaten. Ergänzt wird diese Kerngruppe durch die Kontaktstellen der Mitgliedstaaten der letzten, aktuellen und künftigen Ratspräsidentschaft. Auch die *Europäische Kommission* sowie *Europol*, *Eurojust*, und das *EUCPN* können durch Vertreter als Beobachter an den Sitzungen der Kerngruppe teilnehmen. Die nationale Kontaktstelle für Deutschland ist im *BKA* angesiedelt.

Zur Untersuchung der Möglichkeiten des Informationsaustausches wurden auf europäischer Ebene außerdem verschiedene Projekte initiiert, um die Zusammenarbeit der Verwaltungsbehörden der Mitgliedstaaten in der OK-Bekämpfung zu verbessern. Ein administrativer Ansatz wird auch deshalb weiter auf europäischer Ebene verfolgt, um einen einheitlichen Rahmen zu schaffen. Auf diese Weise kann eine Verlagerung der OK in Regionen mit geringerem Verfolgungsdruck, welche sich vor allem in Grenzregionen beobachten lässt, vermieden werden. Ein Beispiel:

> In Deutschland wird dem Betreiber eines Gastronomiebetriebes seine Zulassung entzogen, da die Behörden bei einer Kontrolle feststellen, dass der Betrieb zum Drogenhandel verwendet wird. Der Betreiber verlagert seinen Betrieb daraufhin in die Niederlande und stellt dort erneut einen Antrag für den Betrieb eines Gastronomiegewerbes.
> In diesen Fällen ist es entscheidend, dass die niederländischen Behörden Zugang zu den Informationen der deutschen Behörden erhalten.

Literatur- und Onlinetipps

ENAA, 3. EU-Handbuch über den administrativen Ansatz in der europäischen Union, Brüssel 2020, abrufbar im Internet:
https://administrativeapproach.eu mit weiteren Informationen zum ENAA (Stand 10.07.2023)

Projektbericht des CONFINE Projektes: Towards operational cooperation on local administrative financial investigations in the fight against human trafficking, Genk 2019, abrufbar im Internet:
https://administrativeapproach.eu/sites/default/files/publication/files/confine_manual_eng.pdf (Stand 10.07.2023)

Studie zu den Möglichkeiten eines administrativen Ansatzes in ausgewählen EU-Mitgliedstaaten: Spapens, A.C.M; Peters, M; Van Daele, D: Administrative Approaches to Crime - Administrative measures based on regulatory legislation to prevent and tackle (serious and organized) crime. Legal possibilities and practical applications in 10 EU Member States, 2015.

Der oben genannte Beispielsfall findet sich in ähnlicher Form auch in einem Video des EURIEC veranschaulicht, abrufbar im Internet:
https://euriec.eu/de (Stand 10.07.2023)

Gibt es eine Definition für den administrativen Ansatz?

Mit Beginn der Entwicklung eines europäischen Konzeptes für einen administrativen Ansatz wurde schnell die Notwendigkeit einer einheitlichen Bestimmung dessen, was ein administrativer Ansatz konkret seien sollte, deutlich. Eine erster Definitionversuch erfolgte im Jahr 2015 im Rahmen einer durch die *Universitäten Tilburg* und *Leuven* durchgeführten Untersuchung zum administrativen Ansatz in ausgewählten EU-Mitgliedstaaten. Dort definierte man den administrativen Ansatz wie folgt:

> „Ein administrativer Ansatz (in Bezug auf schwere und organisierte Kriminalität) umfasst die Verhinderung der Erleichterung illegaler Aktivitäten durch Verweigerung der Nutzung der legalen administrativen Infrastruktur durch Kriminelle sowie koordinierte Interventionen („Zusammenarbeit in getrennten Bereichen"), um die (schwere und organisierte) Kriminalität und Probleme der öffentlichen Ordnung zu stören und zu unterdrücken." (Spapens/Peters/Van Daele 2015, S. 4).

Schwerpunkt dieser Definition war die Kombination von präventiven und repressiven Aspekten. In präventiver Hinsicht sollten die Verwaltungsbehörden in die Lage versetzt werden, durch ihr Vorgehen die Unterwanderung der legalen Infrastruktur zu verhindern. In den Fällen, in denen die OK die behördlichen Entscheidungen bereits zur Begehung von Straftaten ausgenutzt haben, sollte den Behörden hingegen ein repressives und reaktives Vorgehen ermöglicht werden. Diese Ideen flossen im Jahr 2016 auch in die Entwicklung der bisher einzigen Definition ein, auf welche sich alle EU-Mitgliedstaaten einigen konnten.

Hiernach kombiniert der administrative Ansatz unter uneingeschränkter Achtung des Verwaltungs- und Rechtsrahmens der Mitgliedstaaten die folgenden Elemente:

> „a) Maßnahmen, um zu verhindern, dass Personen, die an kriminellen Handlungen beteiligt sind, legale Verwaltungsinfrastrukturen, einschließlich – sofern relevant – der Verfahren zur Erlangung von Genehmigungen, Aufträgen und Fördermitteln, für kriminelle Zwecke nutzen;
> b) Anwendung aller einschlägigen Arten von Verwaltungsvorschriften zur Verhinderung und Bekämpfung – möglichst nach einzelstaatlichem Recht – illegaler Handlungen, einschließlich durch die präventive Kontrolle und Überwachung natürlicher und juristischer Personen, die Anträge im Zusammenhang mit Genehmigungen, Aufträgen und Fördermitteln stellen, sowie durch Schließung oder

> Enteignung von Gebäuden, wenn es aufgrund krimineller Handlungen in diesen Gebäuden oder in deren Nähe zur Belästigung der Öffentlichkeit kommt;
> c) koordinierte Maßnahmen unter Verwendung administrativer Instrumente zur Ergänzung strafrechtlicher Maßnahmen zur Prävention, Bekämpfung, Unterbindung und Verfolgung schwerer und organisierter Kriminalität." (Rat der EU, Dok. 9935/16, S. 6)

Diese Definition wurde im Anschluss zu einer vereinfachten Fassung zusammengefasst:

> „Ein administrativer Ansatz für schwere und organisierte Kriminalität ist eine ergänzende Möglichkeit, den Missbrauch der legalen Infrastruktur durch behördenübergreifende Zusammenarbeit zu verhindern und zu bekämpfen, indem Informationen ausgetauscht und Maßnahmen zur Errichtung von Barrieren ergriffen werden." (ENAA 2020, S. 7)

An dieser Definition orientiert sich auch die Bundesregierung (BT-Drs. 20/3333, S. 13).

Welche Voraussetzungen bedarf es für eine effektive Umsetzung?

Das *ENAA* hat die einzelnen Voraussetzungen für einen administrativen Ansatz nach europäischem Vorbild aus der Definition enwickelt. Grundvoraussetzung für eine effektive OK-Bewältigung ist zunächst ein entsprechendes Bewusstsein der Verwaltungsbehörden über ihre Rolle in der Unterwanderung der legalen Infrastruktur durch die OK. Nur so können die Verwaltungsbehörden auch in ein gemeinsames und behördenübergreifendes Vorgehen eingebunden werden. Ziel des Konzeptes ist die Verhinderung und Bekämpfung des Missbrauchs der legalen Infrastruktur durch die OK und andere schwere Kriminalitätsformen. Dazu sollen die Behörden in die Lage versetzt werden, zu verhindern, dass Kriminelle die legale Infrastruktur nutzen, um sich ein legales Einkommen zu verschaffen oder Unternehmen missbrauchen, um Verbrechen zu erleichtern (ENAA 2020, S. 37). Hierzu müssen den Verwaltungsbehörden Kompetenzen in der OK-Bewältigung zugewiesen werden und kriminalitätsrelevante Informationen im Verwaltungsverfahren Berücksichtigung finden. Außerdem soll das Konzept ergänzend zum klassischen strafrechtlichen Instrumentarium zur Anwendung kommen. Die Stärke des Ansatzes liegt dabei in der Kombination unterschiedlicher Behörden und Kompetenzen. Hierzu müssen alle Partner in der OK-Bewältigung unter Wahrung ihrer Zuständigkeiten bestmöglich zusammenarbeiten. Sich gegenseitig ausschließende Kompetenzbereiche dürfen nicht dazu führen, dass wichtige Erkenntnisse über OK-Strukturen nicht zusammengeführt werden können. Die Mitgliedstaaten sind deshalb dazu angehalten, eine Organisationsstruktur zu schaffen, welche eine solche Zusammenarbeit ermöglicht. Auf diese Weise kann auch der Informationsaustausch zwischen den Partnern erleichtert werden. Nach dem Grundsatz „Wissen ist Macht“ müssen die Verwaltungsbehörden ihre Informationen mit anderen Behörden teilen können. Der Informationsaustausch ist vor allem auf internationaler Ebene von großer Bedeutung, da aktuell 70 % der in der EU aktiven kriminellen Gruppierungen in mehr als drei Ländern aktiv sind (Europol 2021a, S. 19). Außerdem sollen im Rahmen des administrativen Ansatz Maßnahmen zur Errichtung von Barrieren ergriffen werden. Dabei sollen die Verwaltungsbehörden die Wirtschaftssektoren identifizieren, die für besonders OK-anfällig gehalten werden. Durch entsprechende Gegenmaßnahmen soll die administrative Infrastruktur so resistent wie möglich gegen die Ausnutzung zu kriminellen Zwecken gemacht werden.

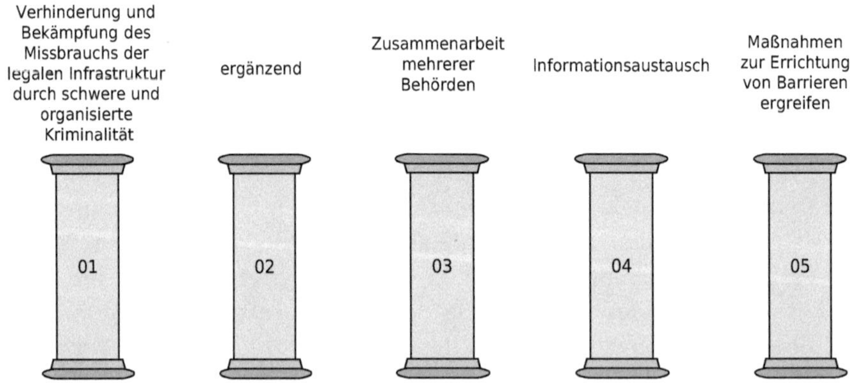

Abbildung 5: Säulenmodell zum administrativen Ansatz, in Anlehnung an ENAA 2020, S. 26.

Das *ENAA* hat die Voraussetzungen zur Umsetzung eines administrativen Ansatzes in einem Säulenmodell zusammengefasst. Dabei sind die Säulen nicht isoliert zu betrachten. Denn ohne Vorschriften zum Informationsaustausch wird keine effektive Zusammenarbeit der Behörden möglich sein, ohne die gemeinsame Errichtung von Barrieren lässt sich der Missbrauch der legalen Infrastruktur nicht verhindern. Das Säulenmodell bildet deshalb verschiedene Elemente ab, die wie Zahnräder ineinandergreifen müssen, um dadurch zu einem erfolgsversprechenden OK-Bewältigungskonzept zu werden.

Welche Rolle spielen Barrieremodelle im Konzept?

Um eine größtmögliche Widerstandsfähigkeit der administrativen Instruktur zu erreichen, gilt es die Punkte zu identifizieren, an denen eine Anfälligkeit für eine Unterwanderung durch die OK besteht. Dies erfolgt im Rahmen des administrativen Ansatzes auf europäischer und nationaler Ebene durch die Entwicklung von *Barrieremodellen.* Die Modelle dienen dem Zweck, einen kriminellen Prozess in der Begehung eines bestimmten Deliktstyps transparent abzubilden. Dazu wird der kriminelle Prozess zunächst in verschiedene Schritte, die zur Deliktsbegehung notwendig sind, gegliedert.

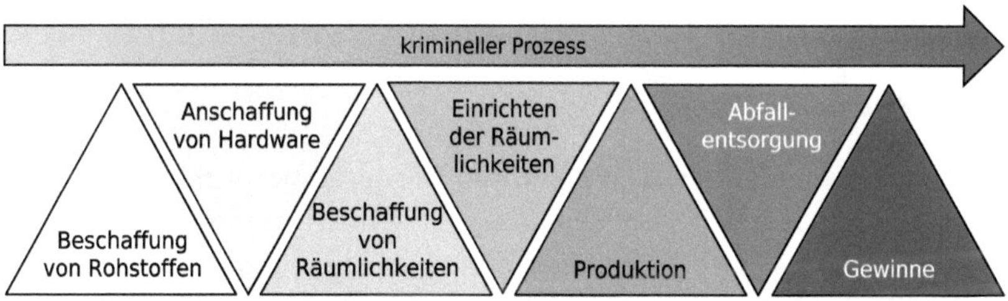

Abbildung 6: Beispiel des kriminellen Prozesses für die Produktion und den Handel mit synthetischen Drogen, in Anlehnung an ENAA 2020, S. 35.

Im Anschluss werden die Akteure und Umstände identifiziert, welche die einzelnen Prozessschritte ermöglichen. In jeder Phase des kriminellen Prozesses kann es Signale geben, die auf kriminelle Aktivitäten hindeuten. Diese können finanzieller, physischer oder administrativer Art sein (EUCPN 2021, S. 20). Abhängig von dem Prozessschritt, in welchem die Signale auftreten, lässt sich sodann feststellen, welche privaten oder öffentlichen Akteure den kriminellen Prozess unterbinden können. Die dabei entwickelten Barrieren können administrativer, strafrechtlicher oder informationeller Natur sein und damit sowohl präventive als auch repressive Wirkungen entfalten (EUCPN 2021, S. 21). Auf EU-Ebene wurden unter der Schirmherrschaft des *ENAA* bereits Barrieremodelle für die Bereiche Eigentums- und Rauschgiftkriminalität entwickelt (ENAA 2020, S. 34 ff.). Diese Modelle können dazu beitragen, das Bewusstsein von Behörden für ihre ungewollte Rolle in der Unterwanderung durch die OK zu verstärken. Auch zur Verbesserung der länderübergreifenden OK-Bewältigung können Barrieremodelle zum Einsatz kommen. Dies lässt sich am Beispiel des Drogenhandels veranschaulichen. Dort werden sich die einzelnen Staaten entsprechend ihrer Rolle als Herstellungs-, Transit- oder Zielland mit unterschiedlichen Problemen konfrontiert sehen. Die Signale für eine mögliche Unterwanderung durch die OK werden sich dementsprechend auch von Land zu Land unterscheiden. Deshalb sollte zur Verfolgung internationaler OK-Phänomene auch in der Entwicklung von Barrieremodellen eine internationale Zusammenarbeit erfolgen.

In welchen Ländern wird der administrative Ansatz bereits erfolgsreich praktiziert?

Im europäischen Vergleich nehmen die Niederlande und Belgien aktuell eine Vorreiterrolle ein. In den Niederlanden wird ein administrativer Ansatz bereits seit den 1990er-Jahren verfolgt. Das dort praktizierte Vorgehen beeinflusste auch die Entwicklung des europäischen Konzeptes stark. In beiden Ländern wurden bereits Organisationsstrukturen geschaffen, die eine enge Zusammenarbeit aller Behörden ermöglichen. So arbeiten in den Niederlanden seit 2007 unterschiedliche Partner in den zehn *Regionalen Informations- und Kompetenzzentren* (RIEC) zusammen. Dazu zählen neben den Gemeinden und Provinzen auch die Staatsanwaltschaft und Polizeibehörden, die Steuerbehörden, Finanzämter, Zollbehörden und der Fiscal Intelligence and Investigation Service (FIOD), die Aufsichtsbehörde für soziale Angelegenheiten und Beschäftigung (Inspectie SZW), die Niederländische Militärpolizei (Koninklijke Marechaussee), die Einwanderungs-

und Einbürgerungsbehörde (IND), die Agentur für Arbeitnehmerversicherungen (UWV) und die Niederländische Behörde für Lebensmittel- und Verbraucherproduktsicherheit (NVWA). Die *RIECs* unterstützten die Verwaltungsbehörden in den niederländischen Provinzen bei ihrer Arbeit, indem sie Informationen bereitstellen und regionale Lagebilder entwickeln, anhand derer die regionale Entwicklung krimineller Märkte aufgezeigt und die OK-Strukturen innerhalb eines geografischen Gebietes sichtbar gemacht werden können. In gemeinsamen integrierten Fallbesprechungen erörtern die Partner, welches behördliche Vorgehen eine möglichst effektive OK-Bewältigung im konkreten Fall ermöglicht. Der gesetzliche Rahmen für einen administrativen Ansatz wird in den Niederlanden durch das *Gesetz zur Beförderung von Integritätsbewertungen durch die öffentliche Verwaltung* (Wet Bevordering Integriteitsbeoordelingen door het openbaar bestuur, kurz: *Bibob*) geschaffen. Das *Bibob*-Gesetz versetzt die Verwaltungsbehörden in die Lage, eine beantragte oder bereits erteilte Entscheidung abzulehnen bzw. zu widerrufen, wenn die ernsthafte Gefahr dafür besteht, dass die Verwaltungsentscheidung zur Begehung von Straftaten verwendet werden soll. Die hierzu notwendigen Informationen erhalten die Behörden im Einzelfall durch das Nationale *Bibob*-Büro. Dieses kann bei verschiedenen Behörden weitere Informationen erfragen und teilt der Verwaltungsbehörde abschließend eine Risikobewertung mit, die im Anschluss als Grundlage für die Entscheidung der Behörde dienen kann. Besonders am *Bibob*-Gesetz ist ferner, dass die Rechtsverstöße nicht zwingend durch den Betroffenen begangen werden müssen. Vielmehr können auch Straftaten von Personen berücksichtigt werden, die in einer im *Bibob*-Gesetz beschriebenen Weise (beispielsweise als Geldgeber) mit dem Antragssteller in Verbindung stehen. Das *Bibob*-Gesetz wird am häufigsten auf Bars, Restaurants und Einrichtungen des Nachtlebens und der Prostitution angewendet (Justis 2021, S. 1).

Diesem Vorbild folgt mittlerweile auch Belgien. Dort wurden im Jahr 2017 *Regionale Informations- und Kompetenzzentren* (ARIEC) gegründet. Auch der Rechtsrahmen soll durch die Verabschiedung eines *Gesetzes zur Einrichtung einer Direktion für Integritätsüberprüfungen* (DIOB) angepasst werden. Dabei ist die Errichtung einer zentralen Datenbank geplant, in der alle behördlichen Entscheidungen zu Integritätsuntersuchungen erfasst werden.

Literatur- und Onlinetipps

Informationen zum niederländischen Vorgehen gegen OK:

Hofmann, R. (2020). Clankriminalität – Was wir von den Niederlanden lernen können. Der Kriminalist, S. 24–28.

Weitere Informationen zu den RIECs in den Niederlanden:
https://www.riec.nl/riecs-en-liec (Stand 10.07.2023)

Weitere Informationen zum niederländischen Bibob-Gesetz: Justis, Ministerie van Justitie en Veiligheid: Factsheet – Das niederländische „BIBOB-Gesetz" 2021, abrufbar im Internet:
https://justis.nl/sites/default/files/2022-10/Factsheet%20Das%20niederländische%20BIBOB-Gesetz.pdf (Stand 10.07.2023)

Weitere Informationen zum belgischen Vorgehen:
https://verlinden.belgium.be/nl/bestuurlijke-hh (Stand 10.07.2023)

II. Die Umsetzung in Deutschland

Spielt der Ansatz bereits in Deutschland eine Rolle?

Auch in Deutschland gibt es aktuell Bestrebungen, die klassische Strafverfolgung, um einen administrativen Ansatz in der OK-Bewältigung zu ergänzen. So wurde in Nordrhein-Westfalen die *Sicherheitskooperation Ruhr* (SiKo-Ruhr) gegründet. Dabei handelt es sich um einen Zusammenschluss von Polizei, Kommunen, Bundespolizei, Zoll- und Ordnungsbehörden sowie der Finanzverwaltung, welcher auf eine Zusammenarbeit nach dem Prinzip der „zusammengeschobenen Schreibtische" in der Bekämpfung der Clan-Kriminalität abzielt (BT-Drs. 20/3333, S. 13). So sollen durch den Austausch von Informationen der Kooperationsbehörden überörtliche und intediszplinäre Zusammenhänge indentifiziert und gemeinsame Handlungsansätze entwickelt werden. Außerdem ist Nordrhein-Westfalen gemeinsamen mit Belgien und den Niederlanden auch am *Euregionalen Informations- und Expertisezentrum* (EURIEC) beteiligt. Das Projekt hat sich zum Ziel gesetzt, die grenzüberschreitende Zusammenarbeit und den verwaltungsbehördlichen Informationsaustausch zwischen den drei Staaten zu verbessern. Das EURIEC ist in Aufbau und Organisation ebenfalls an die niederländischen RIECs angelehnt. Im EURIEC werden im Zuge der Erstellung einer Fallsammlung Erfahrungen gesammelt und ausgetauscht, um ein einheitliches Verständnis eines administrativen Ansatzes zu entwickeln. In der ersten Projektphase wurden außerdem die Möglichkeiten und Engpässe des grenzüberschreitenden Datenaustausches untersucht. Im Mittelpunkt standen dabei Behörden-, Polizei- und Justizdaten sowie Daten aus Melderegistern und öffentlichen Quellen als auch Finanz- und Sozialversicherungsdaten sowie Geldbußen und Einziehungsanordnungen betreffende Informationen. Dabei kam das *EURIEC* zu dem Ergebnis, dass die nationalen Rechtsvorschriften in den drei Teilnehmerländern für den grenzüberschreitenden Informationsaustausches zum Zwecke einer administrativen OK-Bewältigung unzureichend sind. Deshalb sollen in der zweiten Projektphase Gesetzesreformen zur Verbesserung der Zusammenarbeit initiiert werden. Im *ENAA*-Handbuch wird außerdem das durch das *LKA* Nordrhein-Westfalen durchgeführte Auswerteprojekt *Curafair* zum systematischen Abrechnungsbetrug durch russischsprachige Pflegedienste als einzige deutsche Best Practice benannt (ENAA 2020, S. 31 f.). In den Projektergebnissen wurde angeregt, Zuverlässigkeitsüberprüfungen der Betreiber und Pflegedienstleister einzuführen und kriminell aufgefallenen Diensten die Zulassung zu entziehen. Die Bundesregierung hält ferner auch die gegen die Clan- und Rocker-Kriminalität verfolgte *Null-Toleranz-Strategie* in Nordrhein-Westfalen (*Strategie der tausend Nadelstiche* und Berlin (*5-Punkte-Plan*) für eine Umsetzung des europäischen Konzeptes (BT-Drs. 20/3333, S. 14). Der Ansatz sieht eine Vielzahl von Verbundeinsätzen unter Involvierung verschiedener Behörden vor, um so einen hohen Kontrolldruck auf die Betroffenen auszuüben. Die Kontrollen werden vermehrt in Shisha-Bars, Restaurants, Wettbüros und Spielhallen durchgeführt (LKA NRW 2022, S. 29). Neuerdings wird auch ein behördliches Vorgehen gegen Geldwäsche mittels Wettbüros im Bundesland Bremen im Zusammenhang mit dem administrativen Ansatz genannt. Dort wird nun zusätzlich zu den Veranstaltern auch von den Vermittlern von Sportwetten verlangt, einen Nachweis über die rechtmäßige Herkunft der zur Geschäftsgründung notwendigen finanziellen Mittel zu erbringen.

Onlinetipps

Weitere Informationen zur SiKO-Ruhr:
https://polizei.nrw/sites/default/files/2020-11/Flyer_SiKo%20Ruhr.pdf (Stand 10.07.2023)

Weitere Informationen zum EURIEC:
https://euriec.eu/de (Stand 10.07.2023)

Abschlussbericht des Curafair-Projektes:
https://www.muenchen-transparent.de/dokumente/4722568/datei (Stand 10.07.2023)

Können auch die deutschen Verwaltungsbehörden in das OK-Verfolgungskonzept eingebunden werden?

Eine erfolgreiche Anwendung eines administrativen Ansatzes in der OK-Bewältigung setzt voraus, dass auch die Verwaltungsbehörden in das Konzept eingebunden werden können. Da der administrative Ansatz präventive und repressive Elemente in sich vereint (→ S. 140 f.), müssen die verwaltungsbehördlichen Aufgabenzuweisungen diese Elemente umfassen. Der Bereich der Repression, also der klassischen Verfolgung bereits begangener Straftaten, ist grundsätzlich der Staatsanwaltschaft und der Polizei zugewiesen, vgl. §§ 161, 163 StPO. Allerdings gibt es auch im Bereich der Repression ausdrückliche Kompetenzen der Verwaltungsbehörden. Diese sind gem. § 35 OWiG für die Verfolgung und Ahndung von Ordnungswidrigkeiten zuständig. Dabei handelt es sich um Handlungen, die mit einer Geldbuße bedroht sind, vgl. § 1 Abs. 1 OWiG. So kann beispielsweise das Betreiben eines Gaststätten- oder Prostitutionsgewerbes ohne entsprechende Erlaubnis mit einer Geldbuße durch die zuständige Verwaltungsbehörde geahndet werden. Der Bereich der Prävention betrifft hingegen den Bereich der Gefahrenabwehr, für den grundsätzlich die Verwaltungsbehörden und die Polizei gemeinsam zuständig sind. Allerdings ist die Verhütung von Straftaten als Unterfall der Gefahrenabwehr grundsätzlich der Polizei zugewiesen, sodass die Verwaltungsbehörden nicht eigenständig unmittelbar gegen die OK tätig werden, sondern bei Kenntniserlangung von OK-relevanten Informationen zunächst die Polizeibehörden informieren, welche sodann in eigener Zuständigkeit tätig werden (Eichel/Klinkers/Röckinghausen 2020, S. 84). Im Bereich der Gefahrenabwehr können die Verwaltungsbehörden ihr Instrumentarium jedoch dann gegen die OK einsetzen, wenn die kriminalitätsrelevanten Informationen in ihren Entscheidungen berücksichtigt werden dürfen. Das ist häufig bei der Prüfung personenbezogener Anforderungen der Fall. Dabei handelt es sich um Voraussetzungen für eine verwaltungsrechtliche Entscheidung, die in der Person des Antragssteller liegen. Ein Beispiel:

> Eine Person beantragt eine gaststättenrechtliche Erlaubnis. Bereits im Vorjahr wurde ihr jedoch eine Erlaubnis für den Betrieb eines anderen gastronomischen Betriebes entzogen, weil dieser von der Person als Umschlagsplatz für den Drogenhandel genutzt wurde.
> In diesem Fall hat die Behörde neben anderen Voraussetzungen auch gem. § 4 Abs. 1 Nr. 1 GastG über die Zuverlässigkeit des Antragsstellers zu entscheiden. Dabei handelt es sich um eine behördliche Prognoseentscheidung, bei der das künftige Verhalten prognostiziert werden soll. Dabei kann auch das frühere Verhalten zur Entscheidung herangezogen werden.

Im deutschen Recht finden sich solche Zuverlässigkeitsüberprüfungen in verschiedensten Vorschriften. Dies gilt vor allem für das allgemeine und besondere Gewerberecht, aber auch für die Erteilung waffenrechtlicher Erlaubnisse. Ein aktuelles Beispiel findet sich auch im Zusammenhang mit der Corona-Pandemie. So mussten Anbieter, die Leistungen im Sinne der Corona-Virus-Testverordnung erbringen wollten, nach § 6 Abs. 2 Nr. 2 TestV a.F. ebenfalls die erforderliche Zuverlässigkeit besitzen. Überdies stehen den Behörden auch verschiedene Kontrollbefugnisse zu, die eine dauerhafte Einhaltung der jeweiligen Rechtsvorschriften gewährleisten sollen. Im Rahmen dieser Kontrollen, die im Regelfall anlasslos, unangekündigt und wiederholt erfolgen, können die kontrollierenden Behörden Erkenntnisse über OK-Strukturen erlangen. Problematisch wird eine Berücksichtigung kriminalitätsrelevanter Informationen jedoch dann, wenn die Verwaltungsbehörde, keine personen-, sondern allein sachbezogene Voraussetzungen zu prüfen hat. Dies zeigt sich beispielsweise bei der Erteilung von Baugenehmigungen. Im verwaltungsrechtlichen Verfahren spielt die Frage, woher die zur

Durchführung des Vorhabens notwenigen finanziellen Mittel stammen, keine Rolle. Dies erschwert das Aufdecken von Geldwäscheaktivitäten im Zusammenhang mit Bauvorhaben. Im Ergebnis lässt sich feststellen, dass die Frage, inwieweit deutsche Verwaltungsbehörden zur OK-Bewältigung tätig werden können, vom jeweiligen Einzelfall und der betroffenen Materie abhängt.

Literaturtipps

Dennhardt, Y. (2022). Der administrative Ansatz – Der Weg zu einem ganzheitlichen Konzept in der Bewältigung organisierter Kriminalität? Zeitschrift für Internationale Strafrechtswissenschaft, S. 507–514.

Eine Übersicht über die behördlichen Kontrollbefugnisse findet sich bei Dogan, H.; Lehnert, J. (2019). Anlasslose Verbundeinsätze gegen kriminelle Clans, Kriminalisitik, S. 732–737.

Weitere Informationen zu den Kooperationspartnern bei Verbundkontrollen: Dienstbühl, D. (2021). Clankriminalität, S. 120 ff.

Wie arbeiten die Behörden in Deutschland zusammen?

Der große Mehrwert des administrativen Ansatzes besteht in der behördenübergreifenden und interdizplinären Zusammenarbeit verschiedenster Partner, welche die ihnen zur Verfügung stehenden Information teilen und auf diese Weise gemeinsam komplexe OK-Strukturen aufdecken. Im Bereich der Rauschgiftkriminalität werden bereits seit etwa zwei Jahrzehnten besondere Kooperationsformen zu einer effektiveren Bekämpfung eingesetzt. Auf Länderebene wurden in Deutschland *gemeinsame Ermittlungsgruppen* (GEG) von Polizei und Zoll gebildet. Durch diese Form der Zusammenarbeit sollen angesichts der sich überschneidenden Zuständigkeitsbereiche mögliche Kompetenzkonflikte verhindert werden (Sinn 2018, S. 102 f.). Im Gegensatz zu diesen Kooperationen, die sich seit geraumer Zeit bewährt haben, stellt der administrative Ansatz die Einbindung der Verwaltungs- und Ordnungsbehörden in den Mittelpunkt. Auch in diese Richtung gibt es in Deutschland bereits Bestrebungen zur Institutionalisierung der Zusammenarbeit. So arbeiten die Verwaltungsbehörden verschiedener Städte Nordrhein-Westfalens mit anderen Kooperationsbehörden in der *SiKo-Ruhr* zusammen. In Niedersachsen werden Städte und Gemeinde des Landkreises Heidekreis in die *besondere Aufbauorganisation* (BAO) *Räderwerk* eingebunden und arbeiten dort mit den Strafverfolgungs- und Finanzbehörden zusammen.

Die Kooperation verschiedenster Behörden kann jedoch nur dann erfolgreich sein, wenn die Partner ihre Informationen und Erkenntnisse miteinander teilen. Die Möglichkeit für Verwaltungsbehörden, den Missbrauch der legalen Infrastruktur durch schwere und organisierte Kriminalität zu verhindern, setzt deshalb entsprechende Informationen voraus. Liegen den Strafverfolgungsbehörden Erkenntnisse über der OK zuzurechnende Personen vor, so muss den Verwaltungsbehörden der Zugriff auf diese Informationen ermöglicht werden. Deshalb bedarf es Vorschriften, die den Informationsaustausch regeln. Da die präventive Aufgabe der Gefahrenabwehr in die Zuständigkeit der einzelnen Länder fällt, ist der Informationsaustausch im jeweiligen Polizei- und Ordnungsrecht der Länder normiert. Außerdem wird in verschiedenen Gesetzen festgelegt, in welchem Umfang Informationen durch die Verwaltungsbehörden von anderen Behörden ersucht werden können. So darf zum Beispiel die zuständige Behörde im Rahmen der Zuverlässigkeitsüberprüfung für eine prostitutionsrechtliche Erlaubnis nach § 15 Abs. 2 Nr. 2 ProstSchG eine Stellungnahme der für den Wohnort zuständigen Behörde der Landespolizei, einer zentralen Polizeidienststelle oder des jeweiligen Landeskriminalamtes einholen, soweit Zwecke der Strafverfolgung oder Gefahrenabwehr einer Übermittlung der tatsächlichen Anhaltspunkte nicht entgegenstehen. Wenn im entgegengesetzten Fall die Verwaltungsbehörden im Zuge ihrer Aufgabenwahrnehmung Informationen erhalten, die für die Strafverfolgungsbehörden von Bedeutung sind, können sie auch diese grundsätzlich teilen. Für das Beispiel des Prostitutionsgewerbes findet sich eine Ermächtigung zur Weitergabe von Informationen der Verwaltungsbehörden an die Strafverfolgungsbehörden in § 34 Abs. 9 ProstSchG. Im Ergebnis finden sich daher auch im deutschen Recht Vorschriften, die eine behördliche Zusammenarbeit im Rahmen eines administrativen Ansatzes ermöglichen.

Wo bestehen die Hindernisse in der Zusammenarbeit?

Häufig scheitert eine Einbindung der Verwaltungsbehörden in ein OK-Bewältigungskonzept bereits an der Unkenntnis über die Chancen, die ein administrativer Ansatz den Partnern eröffnen kann. Einerseits fehlt den Verwaltungsbehörden häufig das Bewusstsein, dass sie frühzeitig Kenntnisse über wirtschaftliche Entwicklungen in ihrem Zuständigkeitsbereich erlangen, die auf eine mögliche Unterwanderung durch die OK hindeuten und die damit auch für die Strafverfolgungsbehörden von Interesse sein können. Auf der anderen Seite wissen auch die Strafverfolgungsbehörden häufig nicht um den Mehrwert, den eine Zusammenarbeit mit den Verwaltungsbehörden bieten kann. Auch die Hindernisse im konkreten Austausch von Informationen erschweren die Kooperation. Da bei der Erhebung und Weitergabe von Daten im Rahmen des administrativen Ansatzes regelmäßig das Recht auf informationelle Selbstbestimmung aus Art. 2 Abs. 1 GG i.V.m Art. 1 Abs. 1 GG betroffen ist, bedarf es hierfür einer gesetzlichen Grundlage. Das deutsche Recht sieht zwar in einer Vielzahl von Vorschriften Möglichkeiten zum Austausch von Informationen zwischen Strafverfolgungs-, Finanz- und Verwaltungsbehörden vor. Gleichzeitig wird der Datenaustausch durch diese Vorschriften jedoch auch begrenzt. So finden sich zwei zentrale Begrenzungen im Steuergeheimnis (§ 30 AO) und dem Sozialgeheimnis (§ 35 SGB I), die einen Austausch von Steuer- bzw. Sozialdaten nur in sehr engen Grenzen ermöglichen. Das Steuergeheimnis dient als Ausgleich für die sehr weiten Offenbarungs- und Mitwirkungspflichten, die dem Steuerpflichtigen im Besteuerungsverfahren auferlegt werden und soll auf diese Weise die Feststellung der richtigen Besteuerungsgrundlagen sicherstellen (Pätz 2021, § 30 AO Rn. 1). Dabei werden jedoch auch Durchbrechungen des Steuergeheimnisses normiert, die im Einzelfall einen Informationsaustausch erlauben (vgl. § 30 Abs. 4 AO). Ähnliches gilt auch für das Sozialgeheimnis, das die Weitergabe von Sozialdaten durch die Leistungsträger begrenzt. Auch hier werden per Gesetz Durchbrechungen zugelassen (vgl. insbesondere §§ 67 ff., 73 SGB X). Deutlich erschwert wird der Informationsaustausch außerdem bei grenzüberschreitenden Sachverhalten. Dabei spielt vor allem der *Datenschutz* eine Rolle, der auch auf einen Datenaustausch im Rahmen des administrativen Ansatzes Anwendung findet. Zunächst bedarf es für Vearbeitung personenbezogener Daten einer Rechtsgrundlage, die häufig jedoch nicht für den administrativen Ansatz existiert. Ein EU-Rechtsrahmen zum Informationsaustausch zwischen den Verwaltungsbehörden der Mitgliedstaaten wurde noch nicht geschaffen (Dennhardt 2022, S. 510). Polizeiliche Daten oder auch Strafregisterinformationen und Finanzdaten können bisher nur zwischen den Strafverfolgungs- und Finanzbehörden der Mitgliedstaaten geteilt werden, eine *direkte* Weitergabe dieser Informationen an die Verwaltungsbehörden ist in den Vorschriften jedoch regelmäßig nicht vorgesehen. Deshalb wird häufig der Umweg über einen Datenaustausch zwischen den Strafverfolgungs- und Finanzbehörden der Mitgliedstaaten gewählt. Diese so erlangten Informationen werden dann von der Strafverfolgungs- oder Finanzbehörde des empfangenden Mitgliedstaats im Anschluss an die nationale Verwaltungsbehörde desselben Mitgliedstaats weiterleiten (EURIEC 2022, S. 5 ff.). Dabei muss das *Prinzip der Zweckbindung der Daten* im Zusammenhang mit dem Datenschutz beachtet werden. Nach diesem Grundsatz muss der Zweck der Weiterverarbeitung von Daten mit dem ursprünglichen Erhebungszweck vereinbar sein, sodass bei einer Zweckänderung stets eine Einzelfallprüfung erforderlich wird. Wünschenswert wäre deshalb auch die Entwicklung eines gemeinsamen europäischen Rechtsrahmens zum Informationsaustausch für einen administrativen Ansatz.

Entspricht jede Einbeziehung von Verwaltungsbehörden dem europäischen Konzept?

Der administrative Ansatz stellt die Verwaltungsbehörden als wichtigen Akteur in der OK-Bewältigung in den Mittelpunkt. Gleichwohl lässt sich nicht jedes verwaltungsbehördliche Vorgehen als Umsetzung des europäischen Konzeptes bewerten. Vielmehr sind die Vorgaben zu erfüllen, die sich aus der Konzeption selbst ergeben. Nachweislich der europäischen Definition (Rat der EU, Dok. 9935/16) und den Erwägungsgründen für die Notwendigkeit eines administrativen Ansatzes in der Kriminalitätsbekämpung zielt der administrative Ansatz auf die Verhinderung und Bekämpfung der für besonders gefährlich gehaltenen Unterwanderung der legalen Infrastruktur durch die OK, welche eine „wechselseitige Abhängigkeit zwischen der Unterwelt und der legitimen Gesellschaft“ begründet (ENAA 2020, S. 11). Deshalb muss eine Einbeziehung der Verwaltungsbehörden auch dieser Zielsetzung folgen, um als Umsetzung des Konzeptes bewertet werden zu können. Ein Vorgehen der Verwaltungsbehörden, das sich beispielsweise allein gegen öffentliche Ärgernisse richtet, entspricht dieser Zielsetzung folglich nicht, auch wenn sich das Vorgehen im Bereich des rechtlich zulässigen bewegen mag. Im nordrhein-westfälischen Lagebild zur Clan-Kriminalität aus dem Jahr 2021 werden hingegen auch Maßnahmen benannt, die nicht auf die Verhinderung der Unterwanderung wirtschaftlicher Strukturen abzielen. So soll auch die Ablehnung einer beantragten Fahrerlaubnis eines Clan-Mitglieds infolge einer Beteiligung an einer Tumultlage im Straßenverkehr als administrativer Ansatz zu bewerten sein (LKA NRW 2022, S. 28 f.). In diesem Fall geht es allerdings darum, kriminelle Clan-Mitglieder durch niedrigschwelliges Eingreifen in umfassender und systematischer Weise zu stören. Ein vergleichbares Vorgehen lässt sich auch bei der Bekämpfung der Rocker-Kriminalität feststellen. Dort wird durch verschiedene behördliche Maßnahmen versucht, die öffentliche Selbstdarstellung der betroffenen Rocker zu unterbinden. Zu diesen Maßnahmen zählen beispielsweise die Untersagung gemeinsamer Ausfahrten (sogenannter *City Runs*) oder auch Kuttenverbote (vgl. van Laarhoven 2016, S. 16; Feltes/Rauls 2020, S. 19). Mithin lassen sich nicht alle Maßnahmen, die als administrativer Ansatz benannt werden, auch als Umsetzung des EU-Konzeptes bewerten. Nicht gesagt ist damit jedoch, dass ein administrativer Ansatz gegen diese Kriminalitätsphänomene nicht zur Anwendung kommen dürfe. So lassen sich beispielsweise im Bereich der Rocker-Kriminalität Verbindungen zu verschiedenen Geschäftsfeldern im Erotik-, Tattoo- und Türsteherbereich ausmachen (Ministerium des Innern und für Sport Rheinland-Pfalz 2010, S. 47 f.), die zur Begehung von Straftaten genutzt werden und dadurch den Anwendungsbereich des administrativen Ansatzes eröffnen können.

Darüber hinaus richtet sich der administrative Ansatz konkret gegen OK-Strukturen. Anders als zu Beginn der Entwicklung des europäischen Konzeptes handelt es sich nicht um ein allgemeines Kriminalitätsbekämpfungskonzept. Das *ENAA* spricht deshalb in Anlehnung an die europäische Definition auch von einem administrativen Ansatz gegen „schwere und organisierte Kriminalität“. Da das Vorgehen deutscher Behörden bislang primär auf die Clan- und Rocker-Kriminalität abzielt, stellt sich die Frage, ob es sich dabei um OK handelt. Im OK-Lagebild wird darauf hingewiesen, dass die OK im Bereich der strafbaren Handlungen krimineller Mitglieder aus Clan-Strukturen lediglich einen Teilbereich darstellt und es sich vielfach um Straftaten der Allgemeinkriminalität und Verstößen gegen das Ordnungswidrigkeitengesetz handelt. (BKA 2022a, S. 23). Im Ergebnis können der Clan- und Rocker-Kriminalität zuzurechnende Straftaten daher nicht in jedem Fall der OK zugeordnet werden. Einem behördenübergreifenden Vorgehen im Sinne eines administrativen Ansatzes muss daher die Einordnung eines Sachverhaltes als OK-relevant im Sinne des europäischen Konzeptes vorausgehen. In den Niederlanden werden den Verwaltungsbehörden dazu beispielsweise Indikatorenkataloge zur Verfügung gestellt, anhand derer eine Unterwanderung und mögliche OK-Bezüge bewertet werden.

Welche rechtlichen Grenzen hat das Konzept?

Bereits ein Blick auf die EU-Definition zeigt, dass es sich beim administrativen Ansatz nicht um ein grenzenloses OK-Bewältigungskonzept handelt. Dort heißt es, dass eine Anwendung des administrativen Ansatzes in voller Übereinstimmung mit dem administrativen und rechtlichen Rahmen der Mitgliedsstaaten erfolgen soll (Rat der EU, Dok. 9935/16). Dem Konzept werden also durch die Rechtsysteme der Mitgliedstaaten konkrete Grenzen gesetzt. Im Hinblick auf die Umsetzung in Deutschland gibt es zunächst Grenzen, die aus der Verfassung folgen. Dabei wird der administrative Ansatz zunächst durch das Rechtsstaatsprinzip aus Art. 20 Abs. 3 GG begrenzt. Darüber hinaus gelten mit dem Vorrang und Vorbehalt des Gesetzes weitere Grundsätze. Daraus folgt die Bindung der Exekutive an die Verfassung und die Parlamentsgesetze sowie die Notwendigkeit gesetzlicher Legitimation für das Handeln der Verwaltungsbehörden. In der Umsetzung des administrativen Ansatzes beschränkt dies die handelnden Behörden zunächst in ihrem operativen Vorgehen dahingehend, dass die ihnen zustehenden Eingriffskompetenzen nur zu den gesetzlich vorgesehenen Zwecken genutzt werden dürfen. Unzulässig wäre demnach ein Missbrauch der verwaltungsbehördlichen Befugnisse zur gezielten Umgehung strafprozessualer Eingriffsvoraussetzungen, da dieser mit einer Umwidmung gefahrenabwehrrechtlicher Befugnisse zu Zwecken der Strafverfolgung einhergehen würde (Sinn 2022, S. 185). Aus diesem Grund wird der administrative Ansatz zu Recht als eine „ergänzende" Form der OK-Bewältigung beschrieben, mit dem keine Ersetzung des klassische Strafverfolgungskonzeptes beabsichtigt wird.

Ferner sind die Behörden in ihrem Vorgehen auch an den Grundsatz der Verhältnismäßigkeit gebunden. Einfachgesetzlich werden den Verwaltungsbehörden auch bei der Informationserhebung und Weitergabe Grenzen gesetzt.

Beispiel
Eine gewerberechtliche Kontrolle darf nur der Gewerbeüberwachung und damit der Sicherstellung der Einhaltung der gewerberechtlichen Vorschriften und der Überprüfung der Zuverlässigkeit des Gewerbetreibenden dienen. Eine Ausübung der Kontrollbefugnis zur gezielten Suche nach Beweismitteln für die Durchführung eines Strafverfahrens ist damit unzulässig. Sofern im Zuge einer rechtmäßig durchgeführten gewerberechtlichen Kontrolle jedoch Informationen erlangt werden, die für die Strafverfolgungsbehörden von Interesse sind, dürfen diese nach den einschlägigen Vorschriften weitergegeben werden.

Im Ergebnis handelt es bei dem administrativen Ansatz um ein Konzept, dass den Behörden zahlreiche Chancen auf eine effektivere OK-Bewältigung eröffnet. Gleichzeitig werden dem Konzept durch das nationale Recht jedoch auch klare Grenzen gesetzt.

Abschnitt 8: Trends der OK | Marcel P. Iden

Auch die OK ist stetigem Wandel unterworfen. Umso entscheidender ist es, proaktiv potenzielle Bedrohungen und Trends frühzeitig zu erkennen. Ein wichtiger Treiber für Trends und Veränderungen ist sicher die Digitalisierung und damit verbunden Verschlüsselungstechnologien, Kryptowährungen und das Darknet.

Wie funktioniert Trendanalyse und -vorhersage?

Die Vorhersage zukünftiger Entwicklungen eines sozialen Phänomens ist gleichermaßen wichtig wie komplex. Gerade im Bereich der Kriminalitätsprävention ist es von großem Vorteil, Problemfelder und Gefahrenpotenziale vorherzusehen, um Personen- und Sachschäden noch vor ihrem Entstehen zu verhindern. Man spricht davon, „vor die Lage" zu kommen. Belastbare Prognosen mit hinreichendem wissenschaftlichem Anspruch abzugeben, ist aber sehr schwierig. Zukünftige Entwicklungen sind von einer großen Zahl an Faktoren abhängig, die nicht vollständig erfasst, gemessen und berücksichtigt werden können. In Bereichen, die der Datenanalyse gut zugänglich sind – etwa die Erhebung von Straftaten anhand einer Kriminalstatistik – kann der Versuch unternommen werden, mittels *quantitativer Methodik* Trends in den Daten zu erkennen und zu modellieren. In seiner einfachsten Form bedeutet dies nichts anderes, als beispielsweise über mehrere Monate oder Jahre hinweg einen linearen Anstieg in einer bestimmten Kriminalitätsform in einer bestimmten Region zu erkennen und hierauf basierend auf einem einfachen linearen Vorhersagemodell die Warnung abzuleiten, dass sich diese Entwicklung auch im nächsten Jahr um einen bestimmten Faktor fortsetzen wird. Hierauf kann dann mit verstärkten Präventions- und Ermittlungsmaßnahmen reagiert werden. Mit komplexeren Modellen lassen sich ferner auch saisonale Trends, Einzelereignisse und Ausreißerwerte berücksichtigen. Diese rein quantitative Methode hat freilich den Nachteil, dass sie den Kontext, in dem soziale Phänomene wie Kriminalität geschehen, vollständig unberücksichtigt lässt. Kriminalität wird also als eine Blackbox betrachtet. Vorhandenes Wissen um die Mechanismen, die Kriminalität fördern oder bremsen, sowie soziokontextuelle Informationen werden dabei nicht genutzt. Insoweit bietet es sich an, neben der rein datenbasierten quantitativen Vorhersagemethodik *qualitative Analysen* einzusetzen. Ziel ist es hierbei, auf Grundlage aller in Wissenschaft und Praxis vorhandenen Erkentnisse zu den Wirkungsmechanismen krimineller Handlungen und den äußeren Faktoren, die sie beeinflussen, belastbare Vorhersagen zu treffen. Es wird also der Versuch unternommen, Kriminalität mit seinen Ursachen und treibenden Kräften im Rahmen einer Systemanalyse zu verstehen und basierend auf diesem Verständnis aus ihm herrührende Handlungen in einer bestimmten Situation vorherzusagen. Ein vereinfachtes Beispiel hierfür lautet wie folgt: Einige Formen der Kriminalität, die mit dem Handel von Waren zu tun haben, beruhen auf marktwirtschaftlichen Grundsätzen wie Angebot und Nachfrage. Verändert sich nunmehr dieses Gleichgewicht in Bezug auf ein gewisses Produkt schlagartig – z.B. der Bedarf an Medizinprodukten aufgrund einer plötzlichen Pandemie – eröffnet dies neue markwirtschaftliche Betätigungsfelder für den Handel mit diesen Produkten bzw. mit Fälschungen derselben. Es droht daher ein Anstieg an diesbezüglicher Kriminalität, um den neu entsandenen Bedarf zu decken. Solche Veränderungen in den sozialen, technologischen oder wirtschaftlichen Rahmenbedingungen von Kriminalität rechtzeitig zu erkennen, um sie einer solchen qualitativen Analyse zuzuführen, kann als die höchste Kunst der Vorhersage krimineller Trends bezeichnet werden. Ein bewährtes Verfahren – in Überschneidung mit dem Wissenschaftsfeld der Zukunftsforschung – ist das s.g. *Horizon Scanning*. Dabei werden systematisch mittels Expertenbefragungen, Literaturauswertungen und Szenarioanalysen mögliche Gefahrenquellen, Bedrohungen und Chancen in der Zukunft identifiziert (vgl. Bundesakademie für Sicherheitspolitik 2020).

Wie entwickeln sich die Organisationsstrukturen der OK in der Zukunft?

Auf der Trendanalyse bzw. Bedrohungsanalyse basierend, analysieren Wissenschaft und Strafverfolgungsbehörden auch in Bezug auf die OK in regelmäßigen Publikationen – etwa dem jährlichen *SOCTA*-Bericht von *Europol* – mögliche kriminelle Entwicklungen und Trends. Einer dieser Trends, der gegenwärtig von hervorgehobenner Bedeutung ist, bezieht sich auf die Organisation krimineller Strukturen. Also der Art und Weise, wie diese sich zusammenschließen und welche Form der inneren Ordnung vorherrscht: Im Jahr 2017 war die dominante Organisationsform der OK in Europa noch mit 70 % die klassische hierarchische Struktur, bei der eine kleine Gruppe von Führungspersonen eine Vereinigung mit hoher Kohäsion und strikten Regeln anführen. Typische Beispiele hierfür sind die bekannten Mafia-Strukturen aus Italien wie die *'Ndrangheta*, die *Camorra* oder die *Cosa Nostra*, aber auch *Outlaw*-Motorradgruppen oder Teile der Clan-Kriminalität. 2021 hat sich dieses Verhältnis zugunsten von flexiblen netzwerkartigen Gruppierungen verschoben. Der Anteil klassischer hierarchischer Organisationen ist auf 40 % gesunken. 60 % aller OK-Gruppierungen in Europa lassen sich dagegen als lose netzwerkartige Strukturen beschreiben. Diese Art von Organisation ist durch ihren fluiden, auf losen Verbindungen zusammengesetzten Aufbau, charakterisiert. Ihre Mitglieder haben zweckorientierte, auf die Dauer einzelner Projekte konzentrierte, Geschäftsbeziehungen. Sie verstehen sich damit weniger als Teile einer verschworenen Gemeinschaft, sondern als reine Geschäftspartner. Diese Entwicklung steht vor dem Hintergrund sich verändernder Möglichkeiten in der Kommunikation, Koordination und Abwicklung von Geschäftsbeziehungen – insbesondere auch aufgrund der Digitalisierung –, die eine größere Dezentralisierung bei der Etablierung und Aufrechterhaltung von Strukturen ermöglicht. Dieser, auch in Zukunft weiterhin zu erwartende Trend, stellt die Strafverfolgung vor neuen Herausforderungen im Hinblick auf die Ermittlung der Strukturen und den Einsatz klassischer Ermittlungsmethoden (vgl. Europol 2021a, S. 20).

Was ist Crime-as-a-Service?

Bei *Crime-as-a-Service* (CaaS) handelt es sich um ein Geschäftsmodell, bei dem Kriminelle ihre Arbeitskraft und oftmals auch ihr Spezialwissen anderen Personen für ein konkretes Projekt gegen Entgeld zur Verfügung stellen, sich dabei jedoch als externer Dienstleister verstehen. Diese Unabhängigkeit wird durch die Anonymität und Bequemlichkeit des Internets (Internet, Social Media, Deep Web) und dem Einsatz von Kryptowährungen als Währung ermöglicht. Die Bandbreite krimineller Dienstleistungen in Form von *CaaS* ist vielfältig. Sie reicht von der reinen Arbeitskraft bis hin zur Bereitstellung von spezialisierten Fähigkeiten oder Ressourcen in verschiedenen Bereichen wie Transport, IT, Recht, der Herstellung von Fälschungen, oder der Bereitstellung von Ressourcen und Informationen (Fahrzeuge, Wohungen, aber auch *Zero-Day-Exploits*, digitalen *Toolkits* und *Botnets*). Insoweit stellt *CaaS* einen wichtigen Trend hin zu einer flexibleren, komplexeren und anpassungsfähigeren Organisierte Kriminalität dar (vgl. Europol 2021a, S. 20).

Welche Rolle spielen das Internet und Digitalisierung?

Einer der wohl bedeutsamsten gegenwärtigen Trends, der die OK maßgeblich prägt, ist die Digitalisierung, d.h. die Transformation analoger Systeme ins Digitale und damit die Verlagerung wichtiger Teilbereiche des täglichen Lebens in das Internet. Dies betrifft etwa die alltägliche Kommunikation über Smartphones und Computer, die weitreichende Vernetzung vielfältiger Gerätschaften (IoT), oden den Datenaustausch in der Finanzwelt, der Verwaltung und sogar der kritischen Infrastruktur über digitale Technik. Weitere Entwicklungen haben in Form des 5G-Kommunikationsstandards, der Industrie 4.0, Big Data und die weitreichende Vernetzung von Informationssystemen und Lebensbereichen sowie die Etablierung digitaler Zahlungsmodelle (E-Payment) auch in Zukunft große Bedeutung. Die Digitalisierung ist Motor für die Etablierung neuer krimineller Geschäftsstrukturen, Organisationsformen und Vorgehensweisen. Sie ermöglicht es den Mitgliedern krimineller Vereinigungen, über große Distanzen deutlich effizienter und vor allem anonym in Kontakt zu treten. Verschlüsselte Kommunikation und das Abtauchen ins *Darknet* verhindern oder zumindest erschweren die Entdeckung krimineller Aktivitäten. Bestimmte kriminelle Geschäftsmodelle – insbesondere lose kriminelle Netzwerke und *CaaS* (→ S. 65) – werden durch das Internet erst möglich gemacht. Ebenfalls wegbereitend ist das Internet für die Kommunikation zwischen Kriminellen und ihren Kunden und somit für den Handel mit illegalen Gütern und Dienstleistungen. Online-Marktplätze im *Clearnet* wie im *Darknet*, Chat-Gruppen (beispielsweise auf *Telegram*) sowie Werbung und Kundenakquise über Social Media ermöglichen eine Skalierung des Absatzpotenzials weit über den lokalen Absatzbereich eines Händlers oder Dienstleisters hinaus. Mit der weiterhin wachsenden Bedeutung des Online-Handels auf fragmentierte und nicht immer auf lange Dauer ausgelegten Platformen im *Darknet* wie *Clearnet* ist auch in Zukunft zu rechnen (vgl. Europol 2021a, S. 11).

Was ist das Darknet und wie hängt es mit OK zusammen?

Als *Darknet* bezeichnet man einen abgeschotteten Teil des Internets, der nur mit einem bestimmten Browser zugänglich ist und Inhalte auf herkömliche Weise von normalen Suchmaschinen nicht gefunden werden können. Es handelt sich typischerweise um ein *Peer-to-Peer-Computernetzwerk*, bei dem die Kommunikation mit dem Zielserver mittels einer bestimmten Software verschlüsselt über mehrere Knotenpunkte (Computer) geleitet wird, sodass die Rückverfolgung erschwert wird. Das verbreitetste Netzwerk dieser Art ist das TOR-Netzwerk, das über den gleichnamigen Browser zugänglich ist. Die Nutzung dieser Technologie und damit der Zugang zum *Darknet* ist in Deutschland nicht verboten und kann auch zu sehr nachvollziehbaren Zwecken geschehen: Anonymität als *Whistleblower*, Umgehung von Zensurmaßnahmen in autoritären Staaten, journalistische Tätigkeiten oder schlicht Anonymität. De facto haben die Inhalte im *Darknet* aber zu einem erheblichen Teil einen kriminellen Hintergrund. Insbesondere der Handel mit kriminellen Waren (Drogen, medizinische Produkte, gefälschte Ware etc.) und Dienstleistungen dominiert. Hierbei bedienen sich Anbieter und Kunden Handelsplattformen, die im Konzept und Design den bekannten Online-Marktplätzen im regulären Internet nachgebildet sind und über Mechanismen wie Kundenrezensionen, Moderatoren und Feedbacksysteme verfügen. Die Bezahlung wird mittels Kryptowährungen durchgeführt, der Versand der Ware erfolgt zumeist über den regulären Postweg. Obwohl ein Großteil der auf diesen Plattformen vertretenen Händler zumeist kleinere Kriminelle sind, dürfte auch die OK eine gewisse Rolle im *Darknet* spielen. Zum einen stellen sie regelmäßig die transnationalen Lieferketten, von denen die Endverkäufer Teile ihre Ware beziehen und sind damit die Lebensader vieler Online-Marktplätze. Zum anderen eröffnen sich durch das *Darknet* auch lukrative sekundäre Geschäftsfelder für die OK, indem diese kriminelle Plattformen und Server finanziert. Schließlich werden auch die oben erwähnten Netzwerkstrukturen der OK unter Einbeziehung von *CaaS* durch die Kommunikation über das *Darknet* ermöglicht (vgl. Sinn/Iden 2023, S. 66; Europol 2021a, S. 11).

Welche Rolle spielt Verschlüsselungstechnologie?

Einher mit der Bedeutung der digitalen Kommunikation für kriminelle Vereinigungen und Geschäftsbeziehungen geht das Bedürfnis nach Abschirmung gegen die Bemühungen von Strafverfolgungsbehörden, diese Kommunikation auszulesen. Kriminelle Akteure nutzen deshalb moderne Verschlüsselungsstandards (etwa P2P), die den Inhalt der Kommunikation für Dritte unlesbar machen. Im Allgemeinen lässt sich daher sagen, dass der Einsatz digitaler Kommunikation für kriminelle Zwecke Hand in Hand mit dem Einsatz von Verschlüsselung geht. Das darf aber nicht zu dem Schluss verleiten, dass jede Person, die Verschlüsselungstechnologie nutzt, verdächtig ist. Seit *EncroChat* (→ S. 131 und → S. 143) ist bekannt, dass insbesondere bei der Kommunikation zwischen Mitgliedern einer kriminellen Vereinigung bzw. Geschäftspartnern Verschlüsselungstechnologie benutzt wird. Welches technische Niveau dabei eingesetzt wird, bestimmt der Anwender. Der niedrigste Standard ist die Nutzung von handelsüblichen, bereits vom Hersteller eingebauten Systemen wie der Verschlüsselung auf bekannten Messengerdiensten und der Zugangssicherung auf den meisten Smartphones. Komplexere Systeme sind beispielsweise speziell hergestellte *Kryptohandys* und spezialisierte Software. Insbesondere die OK tendiert aufgrund ihrer erhöhten Professionalisierung zu einem hohen technischen Niveau und einer bewussten Anwendung von Abschirmungsmechanismen. In Bezug auf kriminelle Handelsplatformen ist dieser Grundsatz allerdings nur eingeschränkt gültig. Es besteht hier ein Zielkonflikt zwischen dem Bedürfnis nach Abschirmung und dem Bedarf nach Offenheit. Seiner Natur nach könnte ein Online-Marktplatz nicht effektiv arbeiten, wenn Händler ihre (illegalen) Waren nicht einem möglichst großen Stamm an potenziellen Kunden präsentieren können. Eine überbordende Verwendung von Verschlüsselung würde daher dem kriminellen Zweck schaden. Insoweit lassen sich vielfältige kriminelle Angebote, Beschreibungen von Produkten wie Betäubungsmitteln und kriminellen Dienstleistungen ohne Verschlüsselung oder Zugangssicherung auf digitalen Handelsplattformen finden. Erst die direkte Kommunikation zwischen Händler und Käufer wird dann mittels Verschlüsselungen wie der P2P-Technologie abgesichert (vgl. Sinn/Iden 2023, S. 66; Europol 2021a, S. 11).

Welche Bedeutung haben Kryptowährungen?

Dem Wunsch nach Anonymität beim Handel mit kriminellen Waren und Dienstleistungen folgend, stellen Kryptowährungen ein letztes wichtiges Puzzlestück bei der Abwicklung krimineller Geschäfte dar. Wo die Kommunikation auf verschlüsselte Messenger-Dienste und das Internet verlegt werden kann und Waren über den Postweg oder mittels Strohmänner versendet und an Paketstationen scheinbar anonym geliefert werden, ist die Abwicklung der Bezahlung ein letzter Risikofaktor für die Beteiligten. Das Zurückverfolgen von Geldströmen oder -übergaben wäre ein wichtiges Beweismittel, um eine (kriminelle) Verbindung zwischen zwei Personen aufzudecken. Bei Kryptowährungen erfolgt der Transfer der Kryptoeinheiten aber anonym. Nahezu alle kriminellen Online-Marktplätze akzeptieren verschiedene Kryptowährungen, um damit für kriminelle Waren und Dienstleistungen zu bezahlen. Sie spielen daher eine sehr große Rolle bei der Abwicklung krimineller Geschäfte. Ihr Vorteil liegt also in der Anonymität und dem Fehlen von zentralen, staatlichen Regulierungsmechanismen. Die Zahlung mit Kryptowährungen erfolgt von einem digitalen Ablageort (*Wallet*) zum anderen, ohne dass personenbezogene Informationen außer der Kennnummer der *Wallets* benötigt werden. Dies schafft die Grundlage für anonyme Zahlungen. Durch geeignete Verfahren wie *Mixer-Dienste* und dem Einsatz mehrerer verschachelter *Wallets*, lassen sich sodann Zahlungsströme so aufspalten und verschleiern, dass eine Rückverfolgung einzelner Zahlungen an bestimmte *Wallet*-Kennnummern sehr schwierig sein kann (vgl. Europol 2021a, S. 11).

Was sind Deep Fakes?

Deep Fake ist eine Bezeichnung für eine durch Fortschritte auf dem Gebiet der *künstlichen Intelligenz* (KI) hervorgerufene Technologie, die auch für die OK von Bedeutung ist. Im Kern erzeugt diese Technologie äußerst realistisch wirkende, tatsächlich aber gefälschte Bild-, Video- oder Tonaufnahmen einer realen Person. Diese werden auf der Grundlage von echten Aufnahmen von einer KI erstellt und nach den Wünschen des Nutzers konfiguriert. Es ist also mittels eines *Deep Fakes* möglich, eine Bild-, Video- oder eine Tonaufnahme einer realen Person zu erschaffen, die eine beliebige Handlung ausführt, oder einen beliebigen Text sagt, ohne dass dem Betrachter die

Fälschung auffällt. Dies schafft eine große Missbrauchsgefahr, die sich die OK in Zukunft zunutze machen könnte. Insbesondere im Bereich von *Social Engineering* bzw. *Phishing* (dem Abgreifen von vertraulichen Informationen) und im Bereich Erpressung.

Was sind Cyber-Angriffe?

Ein weiterer Bereich, in dem sich der Digitalisierungstrend auf die OK auswirken kann, sind *Cyber-Angriffe*, d.h. Angriffe auf informationstechnische Systeme (Computersysteme und Daten), zu kriminellen Zwecken. Dies umfasst den Einsatz von Computerviren, *Malware* sowie *DDoS*-Angriffe und *Social Engineering*. Die Bandbreite an Methodiken reicht hierbei von einfachen Do-it-yourself-Baukästen im Internet, die, ohne besondere Computerkenntnisse zu erfordern, einfache Schadprogramme erstellen können, bis hin zu maßgeschneiderten Angriffen auf ausgewählte Netzwerke mit eigens erstellten Programmen, Fachpersonal und umfangreichen digitalen Ressourcen (Botnetze, Server etc.). Vor dem Hintergrund der voranschreitenden Digitalisierung im privaten und öffentlichen Leben, die weitreichende Teile des Lebens ins Digitale verlagerte, entsteht eine zunehmende Vulnerabilität von Individuen, Unternehmen und Institutionen für Cyber-Angriffe. Insbesondere die Erpressung von Unternehmen und staatlichen Stellen (etwa indem nach einem erfolgreichen Angriff die IT-Infrastruktur des Ziels verschlüsselt wurde) gewinnt gegenwärtig an Verbreitung.

Haben Krisen einen Einfluss auf Organisierte Kriminalität?

OK entwickelt sich immer in Abhängigkeit von sozialen, ökonomischen, kulturellen, politischen, geographischen, rechtlichen usw. Faktoren. Sie ist also von den externen Rahmenbedingungen einer Gesellschaft abhängig. Insoweit können politische, wirtschaftliche oder soziale Krisen die OK maßgeblich beeinflussen, soweit sie für die OK relevante Rahmenbedingungen verändern. Solche äußeren Faktoren sind etwa die Effektivität staatlicher Kontrollmechanismen und der Verfolgungsdruck, dem die Kriminalität unterliegt. Staatliche Instabilität, Korruption und unwirksame Strafverfolgung, die als Folge einer Krise entstehen können, erhöhen die Handlungsmöglichkeiten der OK. Im sprichtwörtlichen „Nebel des Krieges“ können kriminelle

Gruppierungen deutlich freier und effektivier agieren als in einem stabilen sozioökonomischen Umfeld. Diese erhöhte Handlungsmacht ist besonders gefährlich, da Krisen oftmals vielfältige Gelegenheiten zur Profiterzielung schaffen, die sich die OK zunutze machen kann. Insbesondere neigen Krisenzeiten dazu, die Balance von Angebot und Nachfrage bestimmter Produkte zu ändern und damit neue kriminelle Märkte lukrativ zu machen: So eröffnete der zu Zeiten der Corona-Pandemie 2020–22 gestiegene Bedarf an medizinischen Produkten neue Geschäftsfelder in Bezug auf den Handel mit gefälschten Medizinprodukten oder dem Betrug mit Tests. Eine für Europa in den nächsten Jahren besonders wichtige Krise ist der 2022 begonnene *Russisch-Ukrainische Krieg*. Wie frühere Erfahrungen in Gestalt des Jugoslawien-Konflikts zwischen 1991 bis 2002 verdeutlichen, sind bewaffnete Konflikte ein wichtiger Treiber für die Etablierung von Waffenhandelsstrukturen, die sich oftmals auch noch Jahrzehnte nach Ende des Konflikts in der Region wiederfinden. Insoweit steht zu erwarten, dass vor dem Hintergrund der verringerten staatlichen Kontrollmechanismen und dem erhöhten Zufluss von Waffen und Kriegsmaterial in die Konfliktregion, ein Teil auf den Schwarzmarkt bzw. der OK abfließt. Dies stellt auch auf lange Sicht ein Gefahrenpotenzial für Gewaltverbrechen in Osteuropa dar. Darüberhinaus stellt der Konflikt auch eine ausgezeichnete Gelegenheit für OK-Strukturen dar, Teile der ukrainischen zivilen Infrastruktur zu unterwandern und sich wertvolle Ressourcen zu sichern (vgl. zu den Trends Sinn/Iden 2023 S. 66 ff.).

Was ist Unterwanderung?

Gegenwärtig ist ein Trend zu beobachten, dass die OK die legale Infrastruktur wie Unternehmen, Immobilien und Institutionen unterwandert und diese in ihre illegalen Geschäfte inkorporiert. Das bedeutet, kriminelle Vereinigungen investieren ihre Gewinne in reguläre Unternehmen – etwa Gastronomiebetriebe, Transportunternehmen oder Beherbergungsstätten – und verflechten so legale mit illegalen Wirtschaftskreisläufen. *Europol* (2021) zufolge verwenden im Jahr 2021 80 % aller Gruppierungen der OK legale Infrastruktur, vor allem im Bereich Transport und Logistik, Produktion von Waren oder Geldwäsche. Hierdurch entstehen für die OK nicht nur zusätzliche Einkommensquellen, sondern auch günstige Synergieeffekte mit krimineller Tätigkeit und nicht zuletzt auch Möglichkeiten, gesellschaftlichen und politischen Einfluss zumindest auf lokaler Ebene zu erlangen (zur Unterwanderung auch → S. 146 f. und → S. 176).

Wie funktioniert Geldwäsche?

Um die Erlöse krimineller Tätigkeit für private Zwecke sowie zum legalen Wirtschaften nutzen zu können, darf es keine nachweisbaren Verbindungen zu ihrem kriminellen Ursprung geben. Es muss also eine plausible Erklärung für die Herkunft der Geldströme geschaffen werden. Um dieses Ziel zu erreichen, bedarf es der Geldwäsche. Mit der Nutzung von Bargeld kann dieses Ziel aufgrund der erschwerten Rückverfolgbarkeit bis zu einem gewissen Punkt erreicht werden. Bei größeren Beträgen und bei Transaktionen, die typischerweise über Bankkonten ablaufen, ist das Entdeckungsrisiko jedoch hoch. Jedenfalls für den Transfer großer Summen benötigt die OK Verfahren, um den Anschein der legalen Herkunft zu gewährleisten. Dies bezeichnet man als *Geldwäsche.* Im Allgemeinen funktionieren alle Verfahren der Geldwäsche nach dem gleichen Grundprinzip: illegal erwirtschaftetes Geld wird durch Tausch mit einem geldwerten Surrogat oder durch Beimischung zu den Erlösen von schwer nachverfolgbarem legalen Geschäften in den legalen Wirtschaftskreislauf eingespeist. Durch Rücktausch des Surrogats zu Geld sowie durch Einzahlung der Erlöse des legalen Geschäfts auf ein Bankkonto gelangt die OK sodann zu *sauberem* Geld. Konkret könnten eine OK-Gruppierung also etwa einen Gastronomiebetrieb, einen Waschsalon oder ein anderes Geschäft, bei dem Kunden typischerweise mit kleinen Barbeträgen bezahlen, betreiben. Die Betreiber würden sodann regelmäßig Geldbeträge aus illegalen Geschäften in die Kasse legen, das gesamte Geld regulär als Einnahmen deklarieren und auf ein Konto des Unternehmens bei einer Bank einzahlen und sogar Steuern zahlen. Von dort kann es als *sauberes* Geld an die Eigentümer des Unternehmens oder Geschäftspartner weiterüberwiesen werden. Zu diesem klassischen Verfahren tritt in der modernen Welt auch noch die Nutzung von Kryptowährungen (→ S. 174), Mixing-Diensten und digitalen Vermögenswerten zur Verschleierung von Geldströmen. Hierbei wandeln Kriminelle Geld aus illegaler Herkunft online in Kryptowährungen um bzw. erhalten dies bereits in dieser Form. Sie verwenden sodann eine Vielzahl von digitalen Ablageorten (Wallets) bzw. nutzen sogenannte Mixing-Dienste, um Gelder in kleinere Beträge aufzuspalten und zwischen verschiedenen *Wallet*-Adressen hin und her zu transferieren. Zusätzlich besteht auch die Möglichkeit, Gelder in andere digitale Vermögenswerte (etwa NFTs) umzuwandeln. Aufgrund der schwierigen Rückverfolgbarkeit von Geldströmen bei Kryptowährungen und digitalen Werten, kann so die Herkunft der Gelder verschleiert werden und der Erlös z.B. als Gewinne aus der Spekulation mit Krytowährungen wieder in reguläres Geld zurückverwandelt werden (vgl. Europol 2021a, S. 26).

Spielt auch der Klimawandel eine Rolle?

Klimatische Veränderungen haben das Potenzial, weitreichenden Einfluss auf viele Bereiche sozialen, politischen und wirtschaftlichen Lebens in der Zukunft zu haben und sind damit auch ein Faktor, der neue Chancen und Gelegenheiten für die OK schafft. So eröffnen politische und wirtschaftliche Maßnahmen zur Abschwächung des Klimawandels der OK – vor allem im Bereich der Wirtschaftskriminalität – neue Missbrauchs- und Gewinnpotenziale: Zu nennen ist hier etwa der Handel mit Klimazertifikaten, staatliche Subventionen für umweltfreundliche Vorhaben sowie umweltfreundlichere Produkt- und Herstellungsstandards. Dies bedeutet jedoch auch, dass Subventionsbetrug, die Fälschung von Klimazertifikaten oder das Manipulieren von Umweltvorgaben zur Erlangung eines Wettbewerbsvorteils der OK lukrative Gewinne versprechen. Insbesondere in Regionen, die von Dürren oder Überflutungen betroffen sind, wird ferner der Schwarzmarkt in Bezug auf den Handel mit knappen Ressourcen profitieren. Mit Ressourcenknappheit kann ferner eine Verschärfung interner Konflikte und die damit verbundene Stärkung von Gewaltkriminalität einhergehen. Ebenso ist von einer erhöhten Prävalenz von OK-Strukturen auf dem Gebiet des Menschenhandels, Menschenschmuggels und der Ausbeutung auszugehen, die sich Fluchtbewegungen aus besonders betroffenen Regionen heraus zunutze machen (vgl. Sinn/Iden 2023, S. 69).

Abschnitt 9: Handlungsempfehlungen gegen OK | Arndt Sinn

Der OK muss entschlossen begegnet werden. Präventionskonzepte sind dabei wichtig. Sie müssen regelmäßig überdacht werden, da sich die OK, aber auch die Rahmenbedingungen wandeln. Hier kann die OK-Forschung einen wertvollen Beitrag leisten. Da die OK oft grenzüberschreitend agiert, wird auch die internationale bzw. globale Zusammenarbeit – ggf. auch mit der Wirtschaft – immer wichtiger.

Welche Präventionskonzepte helfen gegen OK?

Prävention gegen OK beginnt bereits bei der Ausbildung in Schulen und Universitäten. So kann insbesondere eine frühe Intervention in den Schulen bei jungen Menschen einen kriminellen Werdegang unterbrechen. Auf internationaler Ebene wird dieser Ansatz beispielsweise durch die Initiative *Education for Justice* (E4J) der *UNODC* gefördert. Für die Lehre an den Universitäten hat die *E4J*-Initiative eine Reihe von begutachteten Hochschulmodulen entwickelt. Diese Module konzentrieren sich auf die Themenbereiche, die unter das Mandat des *UNODC* fallen, einschließlich der OK. Zu den Modulen vgl.: https://www.unodc.org/e4j/en/tertiary/index.html (Stand 10.07.2023).

Durch Aus- und Weiterbildung wird das Verständnis über das komplexe Phänomen der OK geschärft und es können so Mechanismen der Prävention- und Repression erlernt und verbessert werden. Im Bereich der *frühen Intervention* ist das deutsche Projekt *Kurve kriegen* hervorzuheben: Dieses Projekt hat zum Ziel, die Entwicklung besonders kriminalitätsgefährdeter Kinder und junger Jugendlicher zu „Intensivtätern" frühestmöglich zu erkennen und nachhaltig zu verhindern (vgl. https://www.kurvekriegen.nrw.de Stand 10.07.2023)

Prävention bedeutet aber auch, Tatgelegenheiten für OK zu verändern und zu erschweren. Hierzu gehören beispielsweise Sicherungsmaßnahmen für fälschungsanfällige und besonders profitable Güter, wie z.B. Zigaretten und Arzneimittel verpflichtend zu etablieren. Die EU hat dies bei diesen beiden Produktgruppen erkannt und durch EU-Rechtsakte einen Fälschungsschutz vorgeschrieben. Auch *Awareness-Kampagnen* können helfen, den Markt illegaler Güter durch Einwirkung auf der Seite der Abnehmer zu beeinflussen. So ist sich der Konsument kaum bewusst darüber, dass er durch den Erwerb gefälschter Produkte die OK finanziert, die ihrerseits durch Geldwäsche dieser Einnahmen die legalen Märkte weiter unterminiert. Gerade die Nutzung legaler Infrastruktur ist in seinem Ausmaß eine besorgniserregende Entwicklung (→ dazu S. 96 f.). Um dem entgegenzuwirken, kann der *administrative Ansatz* helfen (→ dazu S. 145 ff.). Dabei geht es darum, illegale Aktivitäten zu be- und verhindern, indem kriminellen Akteuren die Nutzung legaler Verwaltungsinfrastrukturen verwehrt wird. Angewendet werden alle relevanten Arten von Verwaltungsvorschriften, um illegale Aktivitäten zu verhindern, soweit das nationale Recht dies zulässt. Integraler Bestandteil ist die Zusammenarbeit zwischen Polizei,

Justiz- und Zollbehörden, Steuerfahndung sowie Ordnungs- und Verwaltungsbehörden.

Als schwierig umsetzbar erweisen sich Präventionskonzepte, die auf die Resozialisierung von OK-Straftätern setzen. Das betrifft weniger den in Netzwerken agierenden Akteur, sondern vielmehr die in Hierarchien eingebundenen Straftäter. Hierfür stehen Mafia-Gruppen und Verbrechersyndikate wie die *'Ndrangheta* oder andere kriminelle Gruppierungen, wie z.B. die *Russisch-Eurasische Organisierte Kriminalität* (REOK in Deutschland). Diese Gruppierungen sind durch ein hohes Maß an Abschottung, innerer (familiärer) Zusammengehörigkeit, Ablehnung staatlicher Autorität, Institutionen und Konfliktlösungsmechanismen gekennzeichnet. In diesen Strukturen sind *Aussteigerprogramme* häufig keine Option, weil man nicht in die Gruppe vordringt.

Was müsste sich ändern, um OK wirksam zu verfolgen?

OK-Verfolgung muss konzeptionell immer wieder überdacht werden, weil sich die Rahmenbedingungen, in denen OK-Gruppierungen agieren, ständig ändern. Dazu benötigt man eine Datenlage, die in Deutschland trotz regelmäßiger OK-Lagebilder nicht belastbar ist. Die gegenwärtige OK-Kriminalpolitik verlässt sich auf Daten in den OK-Lagebildern, die bei ihrem Erscheinen schon veraltet sind und nur die Vergangenheit widerspiegeln. Für Bedrohungsszenarien und einen proaktiven zukunftsorientierten Ansatz zur Antizipation neuer Gefahren muss also zunächst die Datengrundlage geschaffen werden. Diese kann an einem neu einzurichtenden Forschungsinstitut, an dem unter einem gemeinsamen Dach Rechtswissenschaft, Volkswirtschaft, Politologie, Kriminologie, Soziologie sowie technische Fächer zusammen OK in ihrer Struktur, in ihren Tätigkeitsfeldern und Modi Operandi erforschen und Gegenstrategien entwickeln, erarbeitet werden. Dieses Forschungsinstitut kann gleichzeitig ein Zentrum für die Fortbildung von Polizei- und Justizkräften in Deutschland sein, um schnell und anlassbezogen neue Entwicklungen zur OK oder Änderungen des rechtlichen Rahmens sowie best practices in die Praxis zu tragen.

Für eine Neuausrichtung der OK-Strategie und Kriminalpolitik müssen der Rechtsrahmen sowie die OK-Verfolgungsstrukturen auf den Prüfstand und es bedarf gezielter Investitionen in personelle und finanzielle Ressourcen sowie in neuartige Methoden und Technologien von staatlichen Organen in Strategien, Prävention und Repression.

Dem Missbrauch der digitalen Infrastruktur durch OK und den *Cybercrime*-Aktivitäten muss eine nationale Cyber-Sicherheitsstrategie entgegengesetzt werden. Das bedeutet zum einen Cyber-Sicherheit nach innen herzustellen. Der Cyber-Raum muss als kritische Infrastruktur begriffen werden. Schon bei der Entwicklung von Technologie müssen die sicherheitstechnischen Implikationen Berücksichtigung finden. Zum anderen muss Cyber-Sicherheit nach außen hergestellt werden. Das bedeutet, dass die Strafverfolgungsorgane zur Erfüllung ihrer Aufgaben die notwendigen und verfassungsrechtlich möglichen rechtlichen Instrumentarien zur Verfügung gestellt werden. Dazu ist eine Evaluation der bisherigen Werkzeuge erforderlich.

Um den Übergang zum digitalen Zeitalter zu vollenden, sind erhebliche Investitionen in die polizeiliche und justizielle Infrastruktur erforderlich. Entscheidender Faktor für die Bekämpfung der OK und insbesondere für das Erkennen neuer Trends und Märkte sowie die Bewertung von Gefährdungssachverhalten, ist die frühzeitige Zusammenführung, Analyse und Bewertung relevanter Informationen aller Sicherheitsbehörden auf Ebene des Bundes und der Länder.

Die Zusammenarbeit der Polizei- und Kontrollbehörden muss verbessert werden. Das föderale System in Deutschland führt zu unterschiedlichen Zuständigkeiten. Unterschiedliche Systeme zur Datenerfassung und -verarbeitung erschweren den Informationsaustausch. Lange Meldewege oder unbekannte Kreuzverbindungen zu anderen Fällen erschweren die Verfolgung in OK-Komplexen oder lassen OK-Bezüge bereits nicht erkennen. Gerade bei Cyber-Aktivitäten, bei denen ein konkreter Tatort nicht offensichtlich ist oder typischerweise mehrere Tatorte festgestellt werden, kann dies zu negativen Kompetenzkonflikten führen. Es ist zu prüfen, in welchen Bereichen und unter Beachtung des verfassungsrechtlichen Rahmens eine Kompetenzbündelung oder Zentralisierung vorgenommen werden kann.

Vor dem Hintergrund der Flexibilität und Anpassungsfähigkeit von OK ist es erforderlich, den Einsatz von Ressourcen zur OK-Verfolgung in einem 4-Jahresrhythmus zu evaluieren und proaktiv und zukunftsorientiert eine Priorisierung festzulegen.

Der Datenaustausch zwischen den Verwaltungsbehörden sowie zwischen den Verwaltungsbehörden und den Polizei- sowie Kontrollbehörden ist im Rahmen eines administrativen Ansatzes bei der Verfolgung von OK zu intensivieren. Zahlreiche Informationen über Anhaltspunkte zu OK liegen bei unterschiedlichen Behörden auf unterschiedlichen Ebenen und für verschiedene Zwecke vor. Es ist zu erheben, welche Behörden über welche Informationen verfügen und unter welchen datenschutzrechtlichen Voraussetzungen diese ausgetauscht und verwendet werden dürfen. Es muss sich dann eine Bewertung anschließen, ob der gegenwärtige Rechtsrahmen ggf. angepasst werden muss. Es ist bei den Verwaltungsbehörden dafür zu werben, dass sie wichtige Partner bei der Prävention und Repression von OK sind.

OK-Gruppierungen agieren mehrheitlich transnational. Dieser Trend wird sich fortsetzen. Deshalb ist der Ausbau der internationalen Kooperation in *Joint Investigation Teams* (JITs), durch gemeinsame *Action Days* oder auf der Ebene des Informationsaustauschs voranzutreiben.

Um Strukturermittlungen zu führen, die in den Kern der OK zielen, deren Hierarchien und Netzwerke aufdecken und Finanzströme unterbrechen, muss das gegenwärtige rechtliche und organisatorische Instrumentarium zur Führung von Strukturermittlungen auf den Prüfstand. Im Rahmen einer Prozessanalyse muss erhoben werden, wie OK-Verfahren effektiver und effizienter initiiert und geführt werden können.

In Unternehmen liegen zum Teil Informationen vor, die von entscheidender Bedeutung bei der Ermittlung von OK-Strukturen sein können. Deshalb sollte bereichsspezifisch eine Zusammenarbeit mit der Wirtschaft gesucht werden, ohne das Gewaltmonopol des Staates aufzuweichen. Eine Zusammenarbeit mit der Wirtschaft bietet sich auch dort an, wo es um die Frage geht, wie bestimmte Technologien für die Ermittlung von OK-Komplexen nutzbar gemacht werden kann. Zur Prävention können in den Unternehmen *Risk-Management-Systeme* eingeführt werden, um frühzeitig Gefahren, die von OK und *Cybercrime* für das Unternehmen und die Lieferketten ausgehen, zu erkennen und Gegenmaßnahmen zu ergreifen.

Auch der einzelne Bürger spielt als Marktteilnehmer (vgl. Sinn 2018, S. 9 ff.) eine Rolle in dem OK-Phänomen. Deshalb muss er über die Gefahren, die von OK ausgehen, aufgeklärt werden. Dazu ist eine *Awareness-Kampagne* notwendig, mit der die Gesichter der OK, deren Gefahrenpotenzial und die mittelbaren und unmittelbaren Folgen von OK gezeigt werden. Es ist erforderlich, dass jedermann weiß, dass sein Beitrag zur Prävention von OK darin bestehen kann, beispielsweise gefälschte Artikel nicht zu erwerben (vgl. zusammenfassend a. Sinn/Iden 2023, S. 62 ff., 70 f.).

Brauchen wir ein internationales Gericht zur Verfolgung der OK?

OK agiert grenzüberschreitend und global. Bei der Verfolgung dieses Kriminalitätsphänomens rein national zu denken, würde dem nicht gerecht werden. Deshalb wurden durch die *UNTOC* (→ S. 34 ff.) rechtliche Rahmenbedingungen für eine internationale Zusammenarbeit geschaffen. Auch auf europäischer Ebene existieren für den EU-Raum Regelungen, die zumindest eine grenzüberschreitende Kooperation ermöglichen. Hinzukommen Kooperationsformen wie beispielsweise *INTERPOL*, *EUROPOL*, *EUROJUST* und die *Europäische Staatsanwaltschaft*. Das bedeutet, dass sich die Strafverfolgung durchaus internationalisiert. In welchem Land aber schließlich das Strafverfahren in OK-Komplexen geführt wird, ist eine rein nationale Angelegenheit, denn den Anwendungsbereich des Strafrechts auch bei Auslandsbezug legen die Nationalstaaten in gewissen Grenzen durch ihr Strafanwendungsrecht selbst fest. Das bedeutet nicht weniger, als dass Strafverfahren in mehreren Ländern gleichzeitig wegen desselben Sachverhalts geführt werden können. Es existiert keine rechtliche Konkurrenz der nationalen Strafanwendungsrechte. Positive und negative Kompetenzkonflikte, *Befugnis-Shopping*, Mehrfachverfolgungen und Ressourcenverschwendung können die Folge ebenso sein, wie das *Forum Shopping* der verfolgten Person. Das Problem ist auf EU-Ebene bekannt und wurde in dem Rahmenbeschluss zur Vermeidung und Beilegung von Kompetenzkonflikten in Strafverfahren (Abl. L 328 v. 15.12.2009, S. 42 ff.) aber nur halbherzig angegangen. Um all den genannten Umständen gerecht zu werden, kann man durchaus über eine internationale Gerichtsbarkeit in Fällen von OK nachdenken. In den Beratungen zum *Statut von Rom* (Statut des Internationalen Gerichtshofes/IStGH) wurde die Einbeziehung des internationalen Drogenhandels vorgeschlagen, was eine internationale Gerichtsbarkeit für eine Kerntätigkeit der OK zur Folge gehabt hätte (vgl. Ambos § 7 Rn. 275). Durchgesetzt haben sich diese Überlegungen zu Recht nicht. Von OK geht zwar ein hohes Bedrohungspotenzial aus, aber es ist kein klassisches *Völkerrechtsverbrechen*. Ausgeschlossen ist es aber nicht, dass bestimmte OK-Gruppierungen im Einzelfall als völkerrechtlich relevante Handlungseinheiten identifiziert werden können (vgl. dazu Peterke/Noortmann 2015, S. 1 ff.).

Kann die Wirtschaft bei der Prävention von OK helfen?

In einigen Wirtschaftsunternehmen existieren interne Ermittlungseinheiten, die beispielsweise mit der Verfolgung von Produktfälschungen, Ladungsdiebstählen oder illegaler Parallelproduktion betraut sind. In diesen Ermittlungseinheiten wird versucht, im Unternehmensinteresse kriminelle Sachverhalte aufzuklären, um weiteren Schaden vom Unternehmen abzuwenden, Sicherheitslücken zu schließen oder Schadensersatz und Unterlassungsansprüche geltend zu machen. Nur in zweiter Linie geht es darum, die gewonnenen Erkenntnisse dann an die Polizei weiterzuleiten, damit eine Strafverfolgung betrieben wird. In den Unternehmen liegen also Daten, die von Bedeutung für die OK-Prävention insoweit sein können, als Zusammenhänge, Muster, neue Modi Operandi und Trends erkannt werden können. In einer Sicherheitspartnerschaft zwischen den Strafverfolgungsbehörden und den Unternehmen kann also durchaus ein Beitrag zur Prävention geleistet werden. Die Unternehmen können weiterhin dadurch zur Prävention beitragen, indem in besonders risikobehafteten Branchen Produktsicherheitsmerkmale oder Sicherungsmechanismen eingeführt werden, die es den OK-Gruppierungen erschweren, ihre Tätigkeiten erfolgreich auszuführen. Außerdem können Risk-Management-Systeme einen Beitrag dazu leisten, OK-typische Auffälligkeiten im Unternehmen oder entlang der Lieferkette zu identifizieren, um nach einer Risikoanalyse Gegenmaßnahmen einzuleiten. Mit der Umsetzung des Prinzips *know your customer* würde ein Präventionsbeitrag dazu geleistet, dass die Infiltration der legalen Wirtschaft erschwert würde. Und schließlich können die Unternehmen bei der Entwicklung von Technologie eine bedeutende Rolle spielen (vgl. a. Sinn 2018, S. 123 ff.)

Was kann Forschung bei der Bewältigung des OK-Phänomens leisten?

OK-Forschung ist in Deutschland nicht gut ausgeprägt. Die Gründe dafür sind vielfältig: Es existiert im Unterschied zu anderen Ländern in Deutschland kein Forschungsinstitut, das sich explizit mit der Erforschung von OK beschäftigt. Die Forschungslandschaft ist stark insular und geprägt von Einzeldarstellungen verschiedener Tätigkeitsbereiche der OK. Auch spielt OK in der universitären Ausbildung keine Rolle, was ebenso für die zweijährige praktische Referendarausbildung junger Juristen gilt. Nicht zu übersehen ist auch, dass der (Daten)-Zugang zu OK-Komplexen einerseits und zu OK-Akteuren andererseits sehr schwierig ist. Jedenfalls wird das Potenzial zur Bewältigung des OK-Phänomens, das in den deutschen Forschungseinrichtungen ruht, gegenwärtig weder von der Politik, noch von der Praxis hinreichend genutzt. Dabei kann die interdisziplinäre Forschung einen großen Beitrag zum Verständnis von OK, zur Analyse neuer Trends- und Bedrohungen, bei der Evaluation bestehender und neuer Regelungswerke, bei der Ausarbeitung von Sicherheitskonzeptionen und Präventionskonzepten, bei der Entwicklung technischer Instrumente, zur Erstellung von Compliance-Richtlinien sowie bei der Aus- und Fortbildung eine wichtige Rolle spielen. Es bedarf einer Sicherheitspartnerschaft gebündelt in einem OK-Forschungsinstitut (→ S. 149).

Verwendete Literatur

Albanese, J. (2014). The Italian – American Mafia, in: Paoli, L. (Hrsg.), The Oxford Handbook of Organized Crime, S. 142–158.

Ambos, K. (2018). Internationales Strafrecht 5. Auflage.

Annoni, A. (2017). The Relationship between Transnational Organised Crime and Terrorism: An International Law Perspective, in: Carnevale, S.; Forlati, S.; Giolo, O. (Hrsg.) Redefining Organised Crime – A Challenge for the European Union?.

Bock, M. (2008). Grundlagen und Methoden, in: Göppinger, H./Bock, M. (Hrsg.), Kriminologie, 6. Auflage, S. 1–62.

Boettcher, O. (1975). Definition und Entwicklung des organisierten Verbrechens in der Bundesrepublik – Konsequenzen für die Bekämpfung, in: Bundeskriminalamt (Hrsg.), Organisiertes Verbrechen, S. 181–198.

Bögel, M. (1994). Strukturen und Sytstemanalyse der Organisierten Kriminalität in Deutschland.

Brauweiler, H.-C. (2019). Risikomanagement in Unternehmen – Ein grundlegender Überblick für die Management-Praxis, 2. Auflage.

Bundesakademie für Sicherheitspolitik (2020). Strategische Vorausschau: vom Szenario zum krisensicheren Handeln, abrufbar im Internet: https://www.baks.bund.de/de/aktuelles/strategische-vorausschau-vom-szenario-zum-krisensicheren-handeln (Stand 10.07.2023).

Bundeskriminalamt (2021a). Organisierte Kriminalität – Bundeslagebild 2020.

Bundeskriminalamt (2021b). Cybercrime – Bundeslagebild 2020.

Bundeskriminalamt (2022a). Organisierte Kriminalität – Bundeslagebild 2021.

Bundeskriminalamt (2022b). Angriffe auf Geldautomaten – Bundeslagebild 2021.

Bundeskriminalamt (2022c). Cybercrime – Bundeslagebild 2021.

Bundesministerium der Finanzen (2019). Erste Nationale Risikoanalyse Bekämpfung von Geldwäsche und Terrorismusfinanzierung 2018/2019.

Bundesministerium des Innern (BMI); Bundesministerium der Justiz (BMJ) (2001). Erster Periodischer Sicherheitsbericht.

Bundesministerium des Innern (BMI); Bundesministerium der Justiz (BMJ) (2006). Zweiter Periodischer Sicherheitsbericht.

Busch, H. (1992). Organisierte Kriminalität – Vom Nutzen eines unklaren Begriffs, Demokratie und Recht, S. 374–395.

Christoph, S. (2019). Der Kronzeuge im Strafgesetzbuch - Die Ermittlungshilfe gemäß § 46b StGB aus dogmatischer und empirischer Perspektive.

Dennhardt, Y. (2022). Der administrative Ansatz - Der Weg zu einem ganzheitlichen Konzept in der Bewältigung organisierter Kriminalität?, Zeitschrift für Internationale Strafrechtswissenschaft, S. 507–514.

Eichel, A.; Klinkers, A.; Röckinghausen, M. (2020). (Grenzüberschreitende) Bekämpfung der organisierten Kriminalität in Nordrhein-Westfalen – auch eine Aufgabe der Ordnungsbehörden?, KommunalPraxis spezial 2020, S. 83–87.

ENAA (2020). 3. EU-Handbuch über den administrativen Ansatz in der europäischen Union, abrufbar im Internet: https://administrativeapproach.eu (Stand 10.07.2023).

EUCPN (2021). Darknet-Drogenmärkte: Empfehlungen aus einem Barrieremodell. Teil der EUCPN-Toolbox zu Partydrogen, abrufbar im Internet: https://eucpn.org/sites/default/files/document/files/Toolbox%20Darknet%20drug%20markets_Recommendations_DE_LR.pdf (Stand 10.07.2023).

EUIPO (2017). Die wirtschaftlichen Kosten der Verletzungen von Rechten des geistigen Eigentums in der Pestizidindustrie, abrufbar im Internet: https://euipo.europa.eu/tunnel-web/secure/webdav/guest/document_library/observatory/resources/research-and-studies/ip_infringement/study10/pesticides_sector_de.pdf (Stand 10.07.2023).

EUIPO/Europol (2019). Intellectual property Crime Threat Assessment 2019. (Stand 30.05.2021).

EUIPO/Europol (2022). Intellectual property Crime Threat Assessment 2022, abrufbar im Internet: https://www.europol.europa.eu/publications-events/publications/intellectual-property-crime-threat-assessment-2022 (Stand 10.07.2023).

EURIEC. Abschlussbericht EURIEC – Ein Überblick über die Ergebnisse und Aktivitäten des Euregionales Informations- und Kompetenzzentrum im Zeitraum des Projekts von 2019 bis 2021, abrufbar im Internet: https://euriec.eu/wp-content/uploads/2021/11/Eindrapport-1921EURIEC_DUI.pdf (Stand 10.07.2023).

Europol (2017). SOCTA EU Serious and Organised Crime Threat Assessment, abrufbar im Internet: https://www.europol.europa.eu/publications-events/main-reports/european-union-serious-and-organised-crime-threat-assessment-2017 (Stand 10.07.2023).

Europol (2021a). SOCTA EU Serous and Organised Crime Threat Assessment, abrufbar im Internet: https://www.europol.europa.eu/publications-events/main-reports/socta-report (Stand 10.07.2023).

Europol (2021b). IOCTA EU Internet Organised Crime Threat Assessment, abrufbar im Internet: https://www.europol.europa.eu/publications-events/main-reports/iocta-report (Stand 10.07.2023).

Europol/EUIPO (2021). IP crime and its link to other serious crimes – Focus on Poly-Criminality, abrufbar im Internet: https://www.europol.europa.eu/publications-events/publications/ip-crime-and-its-link-to-other-serious-crimes-focus-poly-criminality (Stand 10.07.2023).

Feltes, T.; Rauls, f. (2020). Der Kampf gegen Rocker – Der „administrative Ansatz" und seine Grenzen.

Fijnaut, C. (2014). Searching for Organized Crime in History, in: Paoli, L. (Hrsg.), The Oxford Handbook of Organized Crime, S. 53–95.

Gemmer, K.-H. (1974). Organisiertes Verbrechen eine Gefahr für die innere Sicherheit?, Kriminalistik 1974, S. 529–533.

Göppinger, H. (1971). Kriminologie 1. Auflage.

Gropp, W.; Huber, B. (2001). Rechtliche Initiativen gegen Organisierte Kriminalität.

Hassemer, W. (1992). Stellungnahme zum Entwurf eines Gesetzes zur Bekämpfung des illegalen Rauschgifthandels und anderer Erscheinungsformen der organisierten Kriminalität (OrgKG), Kritische Justiz, S. 64–80.

Hassemer, W. (1993). Innere Sicherheit im Rechtsstaat, Strafverteidiger, S. 664–670.

Hauschild, J. (2023). Kommentierung des § 110c StPO, in: Kudlich, H. (Hrsg.) Münchener Kommentar zur StPO, Band 1, 2. Auflage

Heckmann, D. (2022). Kapitel 8 - Strafrecht, in: Heckmann, D.; Paschke, A. (Hrsg.) Juris Praxiskommentar Internetrecht, 7. Auflage Stand: 20.12.2022.

Hegmann, S. (2023). Kommentierung des § 110a StPO, in: Graf, J. (Hrsg)
BeckOK StPO mit RiStBV und MiStra, 46. Edition Stand: 01.01.2023.

Heinrichs, S.; Weingast, K. (2023). Kommentierung des § 100a StPO in: Barthe, C.; Gericke, J. (Hrsg.) Karlsruher Kommentar zur Strafprozessordnung mit GVG, EGGVG und EMRK, 9. Auflage.

Hemmert-Halswick, K.; Iberl, B.; Kinzig, J.; Römer, J. (2022). Organisierte Kriminalität als Evergreen der kriminalpolitischen Diskussion in deutschen Volksvertretungen, Zeitschrift für das Gesamte Sicherheitsrecht, S. 153 ff.

Herold, H. (1975). Begrüßung, in: Bundeskriminalamt (Hrsg.), Organisiertes Verbrechen, S. 5–7.

Hess, H. (1993). Mafia – Urpsung, Macht und Mythos.

Hilger, H. (1992). Neues Strafverfahrensrecht durch das OrgKG - 1. Teil, Neue Zeitschrift für Strafrecht, S. 457–463.

Jäger, W. (1995). Vorfeldermittlungen – Reizwort und Streitgegenstand. Ein Befund widerstreitender Interessen, Kriminalistik, S. 189–192.

Jahnes, I. (2010). Initiativermittlungen im Bereich der Organisierten Kriminalität.

Justis, Ministerie van Justitie en Veiligheid (2021). Fact sheet – Das niederländische „BIBOB"-Gesetz, abrufbar im Internet: https://justis.nl/sites/default/files/2022-10/Factsheet%20The%20Dutch%20Bibob%20Act.pdf (Stand 10.07.2023).

Kerner, H.-J. (1973). Professionelles und organisiertes Verbrechen – Versuch einer Bestandsaufnahme und Bericht über neuere Entwicklungstendenzen in der Bundesrepublik Deutschland und in den Niederlanden.

Kinzig, J. (2004). Die rechtliche Bewältigung von Erscheinungsformen organisierter Kriminalität.

Kollmar, H. (1974). „Organisierte Kriminalität" Begriff oder Bezeichnung eines Phänomens?, Kriminalistik, S. 1–7.

Landeskriminalamt Nordrhein-Westfalen (2022). Clankriminalität Lagebild NRW 2021.

Ministerium des Innern und für Sport Rheinland-Pfalz (2010). Bericht der Bund-Länder-Projektgruppe des UA FEK „Bekämpfungsstrategie Rockerkriminalität – Rahmenkonzeption, abrufbar im Internet: https://cryptome.org/2012/09/biker-crime.pdf (Stand 10.07.2023).

Liebl, H. (2009). Organisierte Kriminalität, in: Lange, H.-J.; Ohly, H. P.; Reichertz, J. (Hrsg.) Auf der Suche nach neuer Sicherheit – Fakten, Theorien und Folgen, 2. Auflage, S. 63–75.

Maier, S. (2022). Kommentierung des § 31 BtMG, in: Erb, V.; Schäfer, J. (Hrsg.) Münchener Kommentar zum Strafgesetzbuch, Band 7, 4. Auflage.

Manske, M. (2020). Crime-as-a-service: Die neun Säulen – Eine Phänomenbeschreibung, Kriminalistik 2020, S. 235–239.

Mätzler, A. (1968). Wehret den Anfängen – aber wie?, Kriminalistik, S. 405–407.

May, C. (2017). Transnational Crime and the Developing World, abrufbar im Internet: http://www.gfintegrity.org/wp-content/uploads/2017/03/Transnational_Crime-final.pdf (Stand 10.07.2023).

Mülhoff, U.; Pfeiffer, C. (2000). Der Kronzeuge - Sündenfall des Rechtsstaats oder unverzichtbares Mittel der Strafverfolgung?, Zeitschrift für Rechtspolitik, S. 121–127.

Münster, P. (2008). Die Erfassung von Kriminalität, in: Göppinger, H./Bock, M. (Hrsg.), Kriminologie, 6. Auflage, S. 345–366.

OECD (2016). Illicit Trade: Converging Criminal Networks, abrufbar im Inernet: https://read.oecd-ilibrary.org/governance/charting-illicit-trade_9789264251847-en#page1 (Stand 10.07.2023).

OECD/EUIPO (2016). Trade in Counterfeit and Pirated Goods: Mapping the Economic Impact, abrufbar im Internet: https://read.oecd-ilibrary.org/governance/trade-in-counterfeit-and-pirated-goods_9789264252653-en#page1 (Stand 10.07.2023).

OECD/EUIPO (2019). Illicit Trade: Trade in Counterfeit and Pirated Goods, abrufbar im Internet: https://www.oecd-ilibrary.org/docserver/g2g9f533-en.pdf?expires=1688561714&id=id&accname=guest&checksum=2FC08AC7ADDD406C033FFBCF0094F958 (Stand 10.07.2023).

Palumbo, E. (2023). Mafia, Macht und Politik in Italien – Eine politikwissenschaftliche Analyse der Jahre bis 1993.

Paoli, L.; Vander Beken, T. (2014). Organized Crime – A Contested Concept, in: Paoli, L. (Hrsg.), The Oxford Handbook of Organized Crime, S. 13–32.

Pätz, M. (2021). Kommentierung des § 30 AO, in: Koenig, U. (Hrsg.) Abgabenordnung Kommentar §§ 1 bis 368, 4. Auflage.

Peterke, S.; Noortmann, M. (2015). Transnationale kriminelle Organisationen im Völkerrecht: Mehr als Outlaws?, Archiv des Völkerrechts, Band 53, S. 1 ff.

Pintaske, P. M. (2014). Das Palermo-Übereinkommen und sein Einfluss auf das deutsche Strafrecht – Eine Untersuchung der UN-Konvention gegen grenzüberschreitende organisierte Kriminalität und ihrer Zusatzprotokolle.

Pütter, N. (1998). Der OK-Komplex – Organisierte Kriminalität und ihre Folgen für die Polizei in Deutschland.

Rückert, C. (2023). Kommentierung des § 100k StPO, in: Kudlich, H. (Hrsg.) Münchener Kommentar zur StPO, Band 1, 2. Auflage

Rückert, C. (2023). Kommentierung des § 101 StPO, in: Kudlich, H. (Hrsg.) Münchener Kommentar zur StPO, Band 1, 2. Auflage.

Scherschneva-Koller, E. (2014). Strukturermittlungen als Ermittlungsmethode zur Bekämpfung krimineller Syndikate.

Schneider, H. (2008). Organisierte Kriminalität, in: Göppinger, H./Bock, M. (Hrsg.), Kriminologie, 6., Auflage, S. 437–444.

Schwalbe, M. (2022). Die Organisierte Kriminalität im 21. Jahrhundert.

Schwind, H.-D.; Schwind, J.-V. (2021). Kriminologie und Kriminalpolitik – Eine praxisorientierte Einführung mit Beispielen, 24. Auflage.

Sellin, T. (1963). Organised Crime as a Business Enterprise, in: Annals of the American Academy of Political and Social Science, Bd. 347, Mai 1963, S. 12–19.

Singelnstein, T. (2012). Möglichkeiten und Grenzen neuerer strafprozessualer Ermittlungsmaßnahmen – Telekommunikation, Web 2.0, Datenbeschlagnahme, polizeiliche Datenverarbeitung & Co, Neue Zeitschrift für Strafrecht, S. 593–606.

Sinn, A. (2015). Europol-Ausblick: Die Organisierte Kriminalität in der Zukunft: „Crime-as-a-Service“, Zeitschrift für die Sicherheit der Wirtschaft 2015/3, S. 16–18.

Sinn, A. (2016). Organisierte Kriminalität 3.0.

Sinn, A. (2018). Wirtschaftsmacht Organisierte Kriminalität – Illegale Märkte und illegaler Handel 2018.

Sinn, A. (2019). Der Fall „Potsdam“, in: Sinn, A.; Hartmann, B.; Liebl, K.; Schmitz, R.; Schulte-Nölke, H.; Steinbach, M. (Hrsg.) Auswirkungen der Liberalisierung des Internethandels in Europa auf die Arzneimittelkriminalität, S. 876 ff.

Sinn, A. (2022). Clans, Banden, kriminelle Vereinigungen und Organisierte Kriminalität, in: Richter, F-A. (Hrsg.) Phänomen Clankriminalität, S. 154–189.

Sinn, A. (2023). Kriminalität im Grenzgebiet, in: Hilgendorf, E./Hochmayr, G./Małolepszy, M./Długosz-Jóźwiak, J. (Hrsg.) Liberalität und Verantwortung, Festschrift für Jan C. Joerden zum 70. Geburtstag, S. 767–783.

Sinn, A.; Iden, M. (2023). Alte und neue Bedrohungen der Organisierten Kriminalität, SIAK-Journal, S. 62 ff.

Sinn, A.; Iden, M.-P.; Pörtner, P. (2021). Alter Wein in neuen Schläuchen oder Paradigmenwechsel beim Begriff der kriminellen Vereinigung (§ 129 Abs. 2 StGB)?, Zeitschrift für Internationale Strafrechtsdogmatik, S. 435–451.

Sinn, A.; Storbeck, J. (2022). Organisierte Kriminalität – Die unterschätzte Gefahr? (unveröffentlicht).

Sommer, U. (2021). EncroChat – ein Kapitel in der Geschichte des zerbröselnden europäischen Strafprozesses, Strafverteidiger Spezial, S. 67–70.

Spapens, A.C.M; Peters, M; Van Daele, D. (2015). Administrative Approaches to Crime – Administrative measures based on regulatory legislation to prevent and tackle (serious and organized) crime. Legal possibilities and practical applications in 10 EU Member States.

Stümper, A. (1975). Prävention und Repression als überholte Unterscheidung?, Kriminalistik, S. 49–53.

Ulrich, I. (2022). Outlaw Motorcycle Gangs – Eine empirische Untersuchung zur polizeilichen und justiziellen Vorgehensweise gegen Mitglieder von Outlaw Motorcycle Gangs.

UNODC (2018). University Module Series Organized Crime, abrufbar im Internet: https://www.unodc.org/e4j/en/tertiary/organized-crime.html (Stand 10.07.2023).

Van Laarhoven, J.P.R.M. (2016). Tackling Crime Together, Eine Initiative der Benelux und Nordrhein-Westfalen zum administrativen Ansatz gegen Kriminalität von Outlaw Motorcycle Gang in der Euregio Maas-Rhein – Forschungsbericht.

Von Lampe, K. (1999). Organized Crime – Begriff und Theorie organisierter Kriminalität in den USA.

Von Lampe, K. (2001). Organisierte Kriminalität unter der Lupe – Netzwerke kriminell nutzbarer Kontakte als konzeptueller Zugang zur OK-Problematik, Kriminalistik, S. 465–471.

Von Lampe, K. (2013). Was ist "Organisierte Kriminalität"?, Aus Politik und Zeitgeschichte, S. 3–8.

Von Lampe, K. (2016). Organized Crime – Analyzing Illegal Activities, Criminal Structures, and Extra-legal Governance.

Von Lampe, K. (2019). Geschichte und Bedeutung des Begriffs ,organisierte Kriminalität, in: Tzanetakis, M.; Stöver, H. (Hrsg.) Drogen, Darknet und Organisierte Kriminalität – Herausforderungen für Politik, Justiz und Drogenhilfe, S. 23–51.

Wahl, T. (2021). Verwertung von im Ausland überwachter Chatnachrichten im Strafverfahren - Zugleich Besprechung der EncroChat-Beschlüsse des OLG Bremen v. 18.12.2020 – 1 Ws 166/20, und OLG Hamburg v. 29.1.2021 – 1 Ws 2/21, Zeitschrift für Internationale Strafrechtsdogmatik, S. 452–461.

Weigand, H.; Büchler, H. (2002). Ermittlungs- und Sanktionserfolge der OK-Ermittlungen in Baden-Württemberg.

Williams, P. (1998). Terrorism and Organized Crime: Convergence, Nexus or Transformation?, in: Jervas, G. (Hrsg.) FOA report on Terrorism. Swedish Defence Research Establishment, S. 69 ff.

Witte, J.-C. (1998). Der US-amerikanische RICO-Act und deutsche Unternehmen.

Woodiwiss, M. (2003). Transnational Organized Crime: The Strange Career of an American Concept, in: Margaret E. B. (Hrsg.) Critical reflections on transnational organized crime, money laundering, and corruption, S. 3–35.

Mitwirkende Autoren

Prof. Dr. Prof. h.c. Arndt Sinn | Inhaber des Lehrstuhls für Deutsches und Europäisches Straf- und Strafprozessrecht, Internationales Strafrecht sowie Strafrechtsvergleichung an der Juristischen Fakultät der Universität Osnabrück. Er ist Direktor und Gründer des Zentrums für Europäische und Internationale Strafrechtsstudien (ZEIS) und Mitglied im Herausgeberkreis nationaler und internationaler Fachzeitschriften. Im Jahr 2006 wurde er für sein wissenschaftliches Werk mit dem Dr. Herbert-Stolzenberg-Preis der Justus-Liebig-Universität Gießen ausgezeichnet und im Jahr 2017 wurde er zum Professor honoris causa der National University Kaohsiung (Taiwan) ernannt. Am ZEIS initiiert Sinn umfangreiche Studien mit internationaler Reichweite unter anderem auch für die EU-Kommission. Sinn war beratendes Mitglied für den Europol-SOCTA-Bericht bis 2017. Mit seinen Büchern „Organisierte Kriminalität 3.0" (2016) und „Wirtschaftsmacht Organisierte Kriminalität" (2018) hat er maßgeblich die deutsche OK-Debatte geprägt. Gegenwärtig leitet Sinn einen vom Bundesministerium für Bildung und Forschung geförderten Forschungsverbund zur Organisierten Kriminalität „OK 3.0", dessen Ergebnisse im Herbst 2023 vorgestellt werden.

RA Lars Bojen | Studium der Rechtswissenschaften an der Universität Osnabrück. 2018 Erste Juristische Prüfung. Bis 2021 wissenschaftlicher Mitarbeiter am Lehrstuhl für Deutsches und Europäisches Straf- und Strafprozessrecht, Internationales Strafrecht sowie Strafrechtsvergleichung der Universität Osnabrück. Referendariat im Bezirk des Oberlandesgerichts Oldenburg. 2023 Zweites Juristisches Staatsexamen. Gegenwärtig tätig als Rechtsanwalt in der auf Wirtschafts- und Steuerstrafrecht spezialisierten Kanzlei Pannenborg & Pesenacker Rechtsanwälte PartG mbB.

Ref. iur. Yari Dennhardt | Studium der Rechtswissenschaften an der Albert-Ludwigs-Universität Freiburg und der Universidad de Murcia. 2021 Erste Juristische Prüfung. Gegenwärtig wissenschaftlicher Mitarbeiter am Lehrstuhl für Deutsches und Europäisches Straf- und Strafprozessrecht, Internationales Strafrecht sowie Strafrechtsvergleichung der Universität Osnabrück. Mitwirkung in dem vom Bundesministerium für Bildung und Forschung geförderten Drittmittelprojekt „Organisierte Kriminalität 3.0".

Ass. iur. Marcel P. Iden, MSc MSc MA | Wissenschaftlicher Mitarbeiter im Bereich Kriminalitäts- und Sicherheitsforschung. Zuvor Studium der Rechtswissenschaften, Kriminologie und Kriminalpsychologie u.a. in Passau, Glasgow und St. Andrews. Wirkte im Projekt „Organisierte Kriminalität 3.0“ an der Universität Osnabrück im Rahmen der Bedrohungs- und Trendanalyse bei der Vorhersage zukünftiger Entwicklungen der Organisierten Kriminalität in Europa mit.

Ass. iur. Patrick Pörtner | Studium der Rechtswissenschaften an der Universität Osnabrück und der Karls-Universität Prag. 2017 Erste Juristische Prüfung. Referendariat im Bezirk des Oberlandesgerichts Hamm. 2019 Zweite juristische Staatsprüfung. Gegenwärtig wissenschaftlicher Mitarbeiter am Lehrstuhl für Deutsches und Europäisches Straf- und Strafprozessrecht, Internationales Strafrecht sowie Strafrechtsvergleichung der Universität Osnabrück. Mitwirkung in dem vom Bundesministerium für Bildung und Forschung geförderten Drittmittelprojekt „Organisierte Kriminalität 3.0“.

Wo sich welches Stichwort befindet

Abbildungsverzeichnis

Tabellenverzeichnis